Mein Freund, der Baum
Neue Entspannungsgeschichten für Kinder

Mein Freund, der Baum

Neue Entspannungsgeschichten für Kinder

Von Elke Fuhrmann

humboldt-Taschenbuch 1083

Die Autorin:
Elke Fuhrmann-Wönkhaus ist Diplomsozialwissenschaftlerin, Erzieherin und Psychotherapeutin (GWG). Sie verfügt über die Heilpraktikererlaubnis für Psychotherapie und arbeitet als NLP-Praktioner (DGNLP) und Supervisorin (DGSv). Daneben absolvierte sie Ausbildungen in Gesundheitstraining und autogenem Training. Neben Psychotherapie, Supervision und Entspannung für Erwachsene und Kinder bietet sie in ihrer eigenen Praxis Weiterbildungen im ganzheitlichen Entspannungstraining für Kinder an. Elke Fuhrmann-Wönkhaus ist Autorin des ebenfalls im Humboldt-Taschenbuchverlag erschienenen Buchs »Zaubergarten und Lieblingswiese« (ht 759).

Umwelthinweis: gedruckt auf chlorfrei gebleichtem Papier

Hinweis für die Leser:
Alle Angaben wurden von Autorin und Verlag sorgfältig überprüft. Dennoch kann eine Gewähr nicht übernommen werden.

Umschlaggestaltung: Wolf Brannasky, München
Umschlagfoto vorne: IFA-Bilderteam
Umschlagfoto hinten: Fotostudio Peter Bornemann, München
Zeichnungen im Innenteil: Ingrid Hecht, Hannover
Graphik Seite 21: AOK-Broschüre »Streß abbauen«, © WDV
       Wirtschaftsdienst, Bad Homburg

© 1996, 1997 by Humboldt-Taschenbuchverlag Jacobi KG, München
Druck: Presse-Druck Augsburg
Printed in Germany
ISBN 3-581-67083-6

2 * 97

Inhalt

Vorwort

Es sind mittlerweile fast zwei Jahre vergangen, seit mein Buch »Zaubergarten und Lieblingswiese. Entspannungsgeschichten für Kinder« bei Humboldt erschienen ist. In dieser Zeit sind viele begeisterte Eltern und Kinder mit der Frage an mich herangetreten, ob ich nicht noch weitere Geschichten schreiben könne. So ist die Idee für 14 neue Entspannungsgeschichten entstanden, die Ihnen nun mit diesem Buch vorliegen.

An der Notwendigkeit, Entspannung mit Kindern zu üben, und der Aktualität des Themas hat sich nichts geändert. In Kindergärten, Horten und Schulen werden Entspannungsgeschichten für Kinder erfolgreich eingesetzt.

Über die Gründe dafür brauche ich Ihnen nicht viel zu erzählen, denn wahrscheinlich haben Sie als Eltern in den letzten Jahren häufig die Erfahrung gemacht, daß Streß bei Kindern keine Seltenheit ist, sondern eher noch zunimmt. Vielleicht spüren Sie die Schnellebigkeit der Zeit sogar an sich selbst. Die Entwicklung ins Computerzeitalter nimmt ihren Lauf, die Massenmedien werden immer tabuloser und vermitteln immer zweifelhaftere Werte. Wirtschaftliche Faktoren wirken ebenfalls oft belastend – ob es die drohende Arbeitslosigkeit oder die Doppelbelastung der Mutter in Beruf und Haushalt ist. Hinzu kommen nicht selten mangelnder Raum zum Spielen und sehr hohe Anforderungen in der Schule. Kinder haben unter alldem zu leiden. Sie entwickeln vermehrt innere Spannungen und zeigen erhebliche Konzentrationsstörungen.

Kinder leiden unter Streß; er hemmt und macht unkreativ

Ich erlebe es oft in meiner täglichen Praxis, daß verzweifelte Eltern zu mir kommen und berichten, daß ihr Kind sehr intelligent sei, sich aber nicht konzentrieren könne oder an mangelndem Selbstbewußtsein leide.

Dazu sollte man wissen: Entscheidend für eine ausgeglichene vorschulische und schulische Entwicklung ist nicht der sogenannte Intelligenzquotient allein, sondern auch die Förderung durch die Umwelt und eine Atmosphäre der Ruhe, die es dem Kind erlauben, Konzentrationsvermögen und Vertrauen in die eigenen Fähigkeiten zu entwickeln.

Mit den Entspannungsgeschichten in diesem Buch möchte ich Eltern und Kinder erneut motivieren, sich selbst Oasen der Ruhe zu schaffen, damit der Umgang mit den Dingen und Problemen des Alltags leichter fällt und Ausgeglichenheit wie Wohlempfinden das Leben verbessern. Um sein seelisches und körperliches Gleichgewicht zu finden und zu halten, muß man immer einen Ausgleich von Spannung (zum Beispiel entstanden durch Dinge des persönlichen Alltags) und Entspannung (zum Beispiel durch Hören von Entspannungsgeschichten) suchen. So können Eltern und Kinder wieder Kräfte für den Alltag sammeln.

Meine Geschichten sollen Kindern helfen, sich (wieder) ein gesundes Selbstvertrauen aufzubauen. Alle Fähigkeiten und Kräfte sind in Ihrem Kind vorhanden, und das richtige Selbstvertrauen ist das Fundament für eine positive Entwicklung. Durch die Besinnung auf sich selbst kommt Ihr Kind mit seinen Fähigkeiten spürbar in Kontakt und kann sie in den unterschiedlichsten Situationen erfolgreich einsetzen. So wird es zunehmend selbständiger und der Weg zum Erwachsenwerden leichter.

Selbstvertrauen fördert die positive Entwicklung

In diesem Buch werden Sie neben den Entspannungsgeschichten aus dem Memo-Training auch einige wichtige Informationen zum Abbau von Streß und zur richtigen »Anwendung« der Geschichten finden. Ich erkläre Ihnen darüber hinaus, welche neuen Elemente ich in die Geschichten einbezogen habe – beispielsweise Farben und Licht – und warum diese heilsam wirken.

Einleitung

Was können Entspannungsgeschichten bewirken?

Sie können

- das Selbstvertrauen des Kindes stärken, indem es lernt, seinen Fähigkeiten zu vertrauen;
- die Konzentrationsfähigkeit und Lernfähigkeit des Kindes steigern;
- das ganzheitliche Denken durch die Aktivierung von Kreativität und Phantasie anregen;
- die innere Ruhe und Ausgeglichenheit fördern;
- den Mut und die Durchsetzungsfähigkeit verbessern;
- die Koordinationsfähigkeit unterstützen;
- beim Abbau von inneren Spannungen und Ängsten helfen;
- bei starkem Bewegungsdrang (Hyperaktivität) ausgleichend wirken;
- die Selbstheilungskräfte beziehungsweise das Immunsystem stärken;
- Schlafstörungen heilen;

■ die gesamte Persönlichkeitsstruktur des Kindes in seiner Entwicklung unterstützen.

Zum Aufbau des Buches

Bevor Sie tiefer in das Entspannungstraining mit Kindern einsteigen und mit dem Lesen der Geschichten beginnen, möchte ich Ihnen kurz Aufbau und Inhalt des Buches erläutern.

Ein praktisches Arbeitsbuch

Dieses Buch soll als praktisches Arbeitsbuch gehandhabt werden. Im ersten Teil berichte ich über die Auswirkungen von Streß bei Kindern. Sie erfahren zudem einiges über die Entstehung des Memo-Trainings mit den Entspannungsgeschichten und über deren positive Wirkungen auf Körper und Seele. Außerdem gehe ich kurz auf die Bedeutung von Licht und Farben ein, die ich als heilsam wirkende Elemente in meine Geschichten mit einbezogen habe.

Das Ursymbol, der Baum, als roter Faden

Im Hauptteil finden Sie die Entspannungsgeschichten, die Sie wahlweise Ihrem Kind vorlesen oder – sofern Sie dieses Buch zusammen mit einer Cassette erworben haben – von der Cassette vorspielen können. Im Mittelpunkt der Entspannungsgeschichten steht das Ursymbol, der Baum. Der Lieblingsbaum ist der Ausgangspunkt jeder Geschichte. Er soll für Ihr Kind ein zuverlässiger Freund, ein Spielgefährte und Berater sein, den es jederzeit aufsuchen kann.

Zum Abschluß des Buches geht es um Vertiefungshilfen für das Memo-Training, zum Beispiel um Farben und Kräuter, die die Ausgeglichenheit Ihres Kindes deutlich fördern können. Hier finden Sie unter anderem eine Anleitung zum Herstellen entspannungsfördernder Farbkissen.

Entspannungstraining mit Kindern

Warum sollen denn schon Kinder entspannen? Das ist eine Frage, die ich immer wieder höre und so beantworte: Für ein Kind ist es sehr schwer, mit den zahlreichen Anforderungen und Belastungen zurechtzukommen, die heute in Familie, Schule und Freizeit bestehen.

Kinder sind sehr sensible Wesen auf dem Weg zum Erwachsenwerden, die bei ihrer Entwicklung von ihren Eltern viel liebevolle Unterstützung brauchen, da sie ansonsten an Körper und Seele krank werden können.

Kinder brauchen Liebe

Das Leben basiert in seinem natürlichen Rhythmus auf einem Gleichgewicht von Spannung und Entspannung. Leider ist dieser Rhythmus häufig gestört: Die Spannungsseite, der Streß, hat überhand genommen, und die großen und kleinen Menschen sind aus ihrem Gleichgewicht geworfen. Innere Unruhe, Konzentrations- und Schlafstörungen sowie Ängste können die Folge sein.

An diesem Punkt möchte ich Sie, liebe Eltern, mit meinen Entspannungsgeschichten ansprechen und Sie auffordern, sich und Ihrem Kind zu helfen. Schaffen Sie sich kleine Oasen der Ruhe, um wieder zu sich selbst zu finden und die Seele baumeln zu lassen.

Oasen der Ruhe helfen gegen Streß

Wenigstens einmal am Tag sollten Sie eine kurze Pause einlegen, so daß sich der Organismus regenerieren kann. In meinen Geschichten erlernt Ihr Kind diese Regeneration auf spielerische Art und Weise: Es kann die Entspannungsgeschichten mitträumen und sich entspannen, also die Spannungen ausgleichen. Bei regelmäßiger »Anwendung«, das heißt: bei regelmäßigem Hören der Geschichten wird der tägliche Streß abgebaut, und Ihr Kind findet wieder zu seinem Gleichgewicht.

Was passiert bei Streß im Körper?

Jetzt haben Sie immer wieder das Wort Streß gehört, aber was ist denn das eigentlich genau – Streß? Lassen Sie mich das möglichst einfach anhand eines Beispiels erklären.

Reaktion auf besondere Belastungen

Streß ist zunächst eine ganz natürliche Reaktion des Körpers auf eine belastende Situation (Streßreiz). Bei Streßzuständen geht der Körper in Alarmbereitschaft. Er setzt Energie frei, um mit einer schwierigen Situation fertigzuwerden. Schreibt Ihr Kind in der Schule beispielsweise eine Mathematikarbeit (Streßreiz), kann es zu folgenden Reaktionen kommen: Ihr Kind wird vielleicht Angst verspüren, ob es die Aufgaben lösen kann.

Im Körper passiert dabei folgendes:

Physische Streß-reaktionen

- Das Herz schlägt schneller.
- Der Blutdruck steigt, da die Blutgefäße sich verengen.
- Die Muskulatur spannt sich an.
- Die Atmung geht schneller.
- Das Hormon Adrenalin wird ausgestoßen.

Der Körper ist nun in einer extremen Situation. Geht der Streßpegel etwas zurück, so wird die Angst abnehmen, und Ihr Kind wird mit Ruhe und Konzentration die Mathematikaufgaben lösen. Ein bestimmtes Maß an Streß (Angst) ist dabei sogar gesund und hilfreich – beispielsweise zur Motivation bei der Vorbereitung der Mathematikarbeit und zur Anregung zur Lösung der Aufgaben. Bleibt jedoch der akute Streßzustand bestehen, wird die Angst sich als blockierend erweisen, und ein Versagen wird die Folge sein.

Um beim Beispiel zu bleiben: Vielleicht hat das Kind starke Ängste und kann die Mathematikaufgabe nicht lösen. Auf dem Heimweg quälen es wahrscheinlich schon angstvolle Gedanken, wie die Eltern reagieren werden. Und schon

Eine alltägliche Streßspirale

19

kommt ein neuer Streßfaktor hinzu. Dabei hatte das Kind bis jetzt noch gar nicht die Möglichkeit, sich zu entspannen.

Da Eltern manchmal auch von ihrer Arbeit und anderen Dingen gestreßt sind, fällt es ihnen nicht immer leicht, pädagogisch wertvoll auf eine solche Situation zu reagieren. Sie machen ihrem Ärger Luft, wobei das Kind noch mehr unter Streß gerät. Vielleicht fängt jetzt auch noch das Geschwisterkind an zu schreien und fordert sein Recht. Die Eltern sind mittlerweile entnervt und wünschen sich nur noch Ruhe. Schließlich setzt sich der Streit mit Debatten über das aktuelle Fernsehprogramm, den Abwasch, das Aufräumen und so weiter fort. Es kommt also ein Streßreiz zum anderen, und in der ganzen Familie baut sich eine Spannung auf, in der sich keiner mehr richtig wohl fühlt. Vielleicht halten manche Leser mein Beispiel für eine Streßspirale in der gesamten Familie für extrem, aber nach meiner Einschätzung spielt es sich so oder ähnlich in wenigstens jeder zweiten Familie ab.

Kehren wir zu unserer Beispielfamilie zurück. Jetzt kehrt langsam Ruhe ein, denn die Kinder sind zu Bett gegangen, und die Eltern sitzen erschöpft auf dem Sofa und genießen die abendliche Ruhe. Sie wissen, morgen ist ein neuer Tag, und es warten neue Streßreize, die es zu bewältigen gilt.

Ich möchte noch hinzufügen, daß es natürlich nicht immer die Schule oder die Familiensituation ist, die den Streß bei Kindern auslöst, sondern es kann auch der Streit mit den Freunden, ein spannender Spielfilm oder ein aufregendes Computerspiel sein.

Die typische Streßreaktion

Man unterscheidet drei Phasen im Verlauf einer Streßreaktion: Zunächst wird der streßauslösende Reiz wahrgenommen. Es kommt zu einem kurzen Absinken der Körperfunktion in der sogenannten Vorphase, gefolgt von einem Anschnellen der Leistungsfähigkeit in der Alarmphase. Daran schließt sich die Erholungsphase an, in welcher der Organismus wieder Kräfte sammelt.

Die drei Phasen der Streß- reaktion

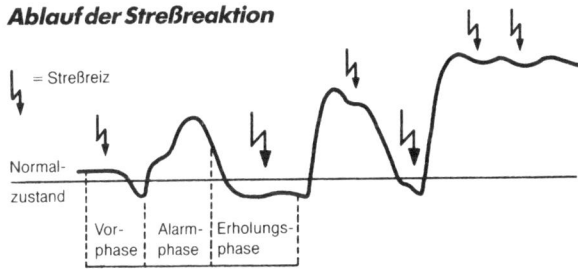

Ablauf der Streßreaktion

Normal- zustand

= Streßreiz

Vor- phase | Alarm- phase | Erholungs- phase

Wird dieser natürliche Ablauf über einen längeren Zeitraum gestört, sind innere Unruhe, Konzentrationsstörungen, Ängste und viele körperliche Begleitumstände die Folge.

Durch die Entspannungsübungen gelangt Ihr Kind wieder in die Erholungsphase und kann hier neue Kräfte für seinen Alltag sammeln. Ausgeglichenheit und innere Ruhe werden sich im Laufe der Zeit wieder einstellen.

Streß wird erlernt

Was noch wichtig ist zu wissen: Streß kann auch erlernt werden. Macht Ihr Kind weitere negative Erfahrungen, etwa mit Mathearbeiten, so wird diese Situation im Gehirn gespeichert und auf ähnliche Situationen übertragen.

Erfahrungen bestimmen unser Verhalten

Sie haben sich vielleicht schon gewundert, warum manche Menschen in bestimmten Situationen total gestreßt reagieren, während andere in derselben Situation völlig gelassen bleiben. Haben Sie als Kind zum Beispiel positive Erfahrungen mit einem Hund gesammelt, werden Sie bei dem Anblick eines Hundes freudig reagieren. Sind Sie aber schon mal von einem Hund gebissen worden, werden Sie Angst verspüren und dem Hund aus dem Weg gehen. Sie haben gewisse Lernerfahrungen gemacht, die jetzt Ihr Verhalten bestimmen.

22

Was ist das Memo-Training?

Zum theoretischen Verständnis des Memo-Trainings

»Memo« bedeutet »aus der Erinnerung«. Memo-Training meint demnach, daß gelernt wird, Erinnerungen, das heißt im Gehirn »gespeichertes« Wissen, Erfahrungen, Gelerntes etc., zu aktivieren.

Ich gehe von der Annahme aus, daß jeder Mensch alle Fähigkeiten in sich trägt. Je nachdem, in welcher Situation er sich allerdings befindet, kann der Zugang zu diesen Fähigkeiten blockiert sein (siehe Seite 19). Vielleicht kennen Sie das von sich selbst: Es gibt Situationen, in denen Sie ein gutes Konzentrationsvermögen aufweisen, und in anderen Situationen können Sie keinen klaren Gedanken fassen. So geht es auch Ihrem Kind.

Aus diesem Grund habe ich eine effektive Entspannungstechnik aus verschiedenen Elementen entwickelt, die die Konzentrationsfähigkeit oder andere Fähigkeiten wieder herbeiführen soll. Im Memo-Training lernen die Kinder, sich zu entspannen und zu konzentrieren; dadurch finden sie leichter wieder Zugang zu ihren Erinnerungen und Fähigkeiten.

Die verschiedenen Elemente des Memo-Trainings möchte ich Ihnen im folgenden vorstellen.

Grundelemente aus dem autogenen Training

Das autogene Training wurde im Jahre 1909 von dem Berliner Arzt Prof. Dr. Dr. J. H. Schultz entwickelt. Zuerst wurde es nur für Erwachsene angewandt, aber im Laufe der letzten Jahre ist das autogene Training auch auf Kinder übertragen worden. Diese Entspannungstechnik, die ihren Ursprung in der Hypnose hat, ist eine Methode zur Ganzkörperentspannung.

Ganzkörperentspannung durch Autosuggestion

Mit Hilfe der Autosuggestion (Selbstbeeinflussung) findet eine bewußte Beeinflussung des vegetativen Nervensystems statt. Es werden Spannungszustände, wie Muskel- und Gefäßspannungen, Atem-, Bauch- und Herzunregelmäßigkeiten, gelöst. Der Streß (Spannung) wird durch eine Übung (Entspannung) ausgeglichen. Der Körper entspannt sich tief und tankt Kräfte für den Alltag.

Die Grundformeln des autogenen Trainings

Bei meinen Entspannungsgeschichten habe ich die Elemente der Grundentspannung aus dem autogenen Training gewählt, die eine tiefe Entspannung gewährleisten.

1. Ruhe (»Mein Körper ist ganz ruhig«)

Die Vorstellung der Ruhe ist der erste Teil des autogenen Trainings. Diese Ruhe wird in den Entspannungsgeschichten mit dem Baum oder

mit anderen Elementen in Verbindung gebracht, so daß Ihr Kind zunehmend tiefe Ruhe
empfinden kann.

2. Schwere (»Mein Körper ist ganz schwer«)

Spürt Ihr Kind die Ruhe in sich, wird das autogene Training mit der Schwere erweitert. Die
Vorstellung der Schwere bewirkt, daß sich die
Muskulatur entspannt (Sie kennen sicher auch
das angenehme Gefühl der Bettschwere). Das
Element der Schwere wird in den Geschichten
immer wiederholt und führt damit zu einer
noch tieferen Entspannung.

3. Wärme (»Mein Körper ist ganz warm«)

Die letzte Übung aus dem autogenen Training
hilft, die Gefäße zu erweitern und die Durch-
blutung zu fördern. Mit der Vorstellung beispielsweise, warme Sonnenstrahlen auf dem
Körper zu spüren, fühlt sich Ihr Kind rundum
entspannt.

Nach der Grundentspannung werden die einzelnen Entspannungsgeschichten durch folgende wirkungsvolle Elemente erweitert:

- durch hypnotische Verbindungen, die direkt
  die unbewußten Kräfte mobilisieren,
- durch die Möglichkeit zur positiven Identifikation mit den einzelnen Figuren,

*Erweite-
rung der
Grundent-
spannung*

25

- durch die Möglichkeit, Kontakt zu den verborgenen Fähigkeiten zu finden,
- durch die Aktivierung der fünf Sinne, die für die Wahrnehmung wichtig sind,
- durch die heilende Wirkung von Farben und Licht auf den menschlichen Organismus.

Hypnotische Aspekte und Aktivierung von Körper und Seele

Das Ziel der Entspannungsgeschichten ist nicht, eine Hypnose herbeizuführen, vielmehr machen sich die Geschichten lediglich einige wichtige hypnotische Aspekte zunutze. Da wäre zum einen eine besondere Sprache beim Vorlesen: eine langsame Vortragsweise und die tiefe Betonung einzelner Wörter. Außerdem habe ich ganz bestimmte Wortkombinationen gewählt, die den Kindern helfen, sich leichter zu entspannen.

So wirken meine Entspannungsgeschichten Wenn Sie meine Entspannungsgeschichten vorlesen und Ihr Kind sie hört, werden Sie beide sich auf angenehme Art und Weise immer tiefer und tiefer entspannen. Sie werden auch spüren, wie das Bewußtsein (rationales Denken) immer mehr in den Hintergrund rückt und die körperliche und seelische Entspannung in den Vordergrund tritt. In diesem entspannten Zustand wird Ihr Kind Abstand von seinen Alltagsproblemen bekommen und neue Kräfte sammeln können.

Hierzu möchte ich Ihnen kurz die Abläufe im Gehirn erklären, die diesen entspannten Zustand bewirken. Das Gehirn befindet sich während der tiefen Entspannung in einem ganz besonderen Zustand, der zwischen Wachen und Schlafen liegt. Die Wissenschaftler sprechen vom sogenannten Alphazustand. Die Frequenzen der Gehirnwellen liegen dabei zwischen 8 und 13 Hertz (ein Hertz entspricht einer Schwingung pro Sekunde). Frequenzen unter 8 Hertz werden Theta- und Deltawellen genannt. Sie treten während des Schlafes auf. Frequenzen über 13 Hertz bezeichnet man als Betawellen. Sie treten auf, wenn das Gehirn aktiv ist, also im Wachzustand. Alpha liegt genau dazwischen – und bezeichnet damit weder Schlaf noch Wachen (vgl. Abbildung auf dieser Seite unten). Das Kind denkt in diesem Zustand an nichts und ist völlig entspannt. Die ganze Aufmerksamkeit ist auf die positiven Botschaften der Geschichten gerichtet. Somit

Das passiert im Gehirn

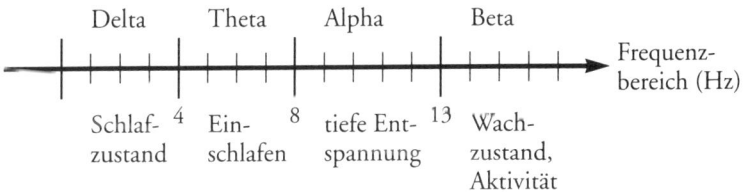

27

gelangen alle Informationen, wie die Anregung der Konzentrationsfähigkeit oder die Aktivierung des Selbstwertgefühls, direkt in das Unterbewußtsein und können sich hier voll entfalten.

Positive Identifikation mit den einzelnen Figuren

Identifikation ist ein ganz wichtiger Bestandteil in der persönlichen Entwicklung eines Menschen. Ihr Kind identifiziert sich mit bestimmten positiven wie auch negativen Verhaltensweisen, die Sie ihm vorleben. Es integriert diese in seine Persönlichkeit.

Neue Freunde und Geschenke für das Kind

Bei den Entspannungsgeschichten trifft Ihr Kind auf unterschiedliche Figuren – ob es nun der Baum ist, der sein zuverlässiger Freund wird, oder der Ruhefisch, der ihm Ruhe und Entspannung schenkt. In jeder Geschichte erhält das Kind von einer Figur ein Erinnerungsgeschenk, das es ihm möglich macht, sich an eine bestimmte Fähigkeit zu erinnern. Das Erinnerungsgeschenk kann es dann in Situationen einsetzen, in denen es Zugang zu der gewünschten Fähigkeit haben möchte. Wenn es zum Beispiel mehr Mut und Selbstwertgefühl benötigt, kann es an den geschenkten Zauberstein denken, braucht Ihr Kind Konzentration, denkt es an die Konzentrationsfrucht.

Förderung des Vertrauens in die eigenen Fähigkeiten

Bei den Entspannungsgeschichten gehe ich davon aus, daß Ihr Kind bereits alle Fähigkeiten, die es braucht, in sich trägt, wie Mut, Durchsetzungsvermögen, Ruhe und Konzentration – nur findet es in bestimmten Situationen keinen Zugang zu diesen Fähigkeiten. Der Weg ist im wahrsten Sinne des Wortes blockiert. Eine solche Blockade kann unterschiedliche Ursachen haben. Oft ist es eine lähmende Angst, die keinen klaren Gedanken zuläßt, wie ich bereits auf Seite 19 und 23 erwähnt habe.

Und genau an diesem Punkt können die Erinnerungshilfen aus dem Memo-Training unterstützend wirken. Das Kind nutzt das Erinnerungsgeschenk oder etwas anderes aus den Geschichten als Schlüssel zu seinen Fähigkeiten.

Die Aktivierung der fünf Sinne

Viele Kinder haben Probleme, den Kontakt zu ihren Sinnen zu finden. Sie haben Schwierigkeiten zu bestimmen, wie etwas riecht, schmeckt, welche Farbe etwas hat und so weiter. Für eine ausreichende und ganzheitliche Wahrnehmung ist es jedoch wichtig, alle Sinne zu nutzen.

Hilfreich kann das Üben der Wahrnehmung durch das bewußte und erklärende Betrachten von Bilderbüchern, Fotos, Zeichnungen und so weiter sein. So lernt das Kind, Dinge richtig zu sehen, indem es sie erlebt. Auch das bewußte Erleben von Klängen ist eine hervorragende Schulung der Sinne: Werden Tiere, Personen oder Dinge mit Geräuschen in Verbindung gebracht, verfeinert sich nicht nur das Hörvermögen, sondern die gesamte Vorstellungswelt des Kindes erweitert sich. Das gilt auch für das Ertasten und Befühlen von Dingen, Tieren, Personen sowie für das Riechen und Schmecken. Werden die Sinneserlebnisse gekoppelt oder bauen sie aufeinander auf, gewinnt das Kind an Erfahrung, und es verfügt – im wahrsten Sinne des Wortes – über seine Sinne.

Die Sinneswahrnehmung nimmt in meinen Geschichten eine wichtige Stellung ein, weil sie wie ein Schlüssel zu den inneren Bildern und zum Erleben ist. Sie zieht sich wie ein roter Faden durch die Geschichten.

Die Bedeutung von Farben

Im Memo-Training habe ich mir einige Elemente aus der Farbtherapie zunutze gemacht und unterschiedliche Farben in die Entspannungsgeschichten mit einbezogen. Außerdem haben die Kinder die Möglichkeit, ihre ganz eigene Farbe zu finden, um ihr Wohlbefinden zu steigern.

Schon die alten Inkas, Ägypter, Inder und andere hochentwickelte Kulturen wußten, daß Farben den Gesundheitszustand von Körper, Geist und Seele beeinflussen können. Die moderne Farbtherapie des Schweizer Psychologen Max Lüscher (1949 auf Persönlichkeitsfarbtests aufgebaut) sowie die Farbtherapie von Anni Wilson, Ingrid S. Kraaz und Ingrid Riedel bauen auf alten Erkenntnissen auf und versuchen, den Menschen mit diesem Wissen wieder in ein harmonisches Gleichgewicht mit sich und seiner Umwelt zu bringen.

Altes Wissen um die Farben

Die Farbtherapie geht davon aus, daß die Farben einen positiven Einfluß auf körperliche und seelische Vorgänge haben. Aus den unterschiedlichen Ansätzen der Farbtherapie möchte ich Ihnen die wichtigsten Punkte vereinfacht darstellen. Falls Sie darüber hinaus an der Farbtherapie interessiert sind, finden Sie im Anhang einige weiterführende Literaturhinweise.
Den einzelnen Farben werden unterschiedliche Bedeutungen zugeordnet. In diesem Buch möchte ich nur auf die wichtigsten Farben eingehen. Zu den Grundfarben Blau, Rot und Grün möchte ich noch die Farbe Gelb hinzufügen.

Farben können heilen

Rot

Rot ist die Farbe der Energie. Sie ist die kräftigste, wärmste und lebendigste Farbe. Sie wird dort eingesetzt, wo Lebenskräfte angeregt oder erneuert werden müssen.

Fühlt sich Ihr Kind kraftlos und leidet an mangelndem Durchsetzungsvermögen, kann Rot sehr anregend wirken.

Empfindung: bewirkt Erregung
Verhalten: Aktivität
Selbstgefühl: Selbstvertrauen

Blau

Die Farbe Blau ist die kühlste, reinste und tiefste Farbe. Sie steht für das Unbewußte, die innere Stille, Sanftheit und seelische Tiefe.

Gerade bei Kindern kann die Farbe Blau bei nervösen Störungen, wie Schlaflosigkeit oder innerer Unruhe, sehr wirksam eingesetzt werden.

Empfindung: bewirkt Ruhe
Verhalten: Befriedigung
Selbstgefühl: Zufriedenheit

Grün

Die Farbe Grün ist die am meisten ausgleichende und beruhigende Farbe. Sie bedeutet Wachstum und symbolisiert Hoffnung. Außerdem hilft sie, Stimmungsschwankungen zu harmonisieren und bei Unzufriedenheit und Ungeduld ein neues Gleichgewicht zu schaffen. Grün unterstützt auch das Selbstwertgefühl bei Unsicherheiten.

Empfindung: bewirkt Festigkeit
Verhalten: Beharren
Selbstgefühl: Selbstachtung

Gelb

Die Farbe Gelb steht für einen wachen Verstand, einen regen Intellekt und eine gute geistige Auffassungsgabe. Sie kann bei Teilnahmslosigkeit und Mangel an Interesse an der Gegenwart wieder die aktive Zuwendung fördern.

Gelb kann die Lebensfreude und den Eifer Ihres Kindes steigern und zur Anregung und Erweckung von Interessen hilfreich eingesetzt werden.

Empfindung: bewirkt Lösung
Verhalten: Veränderung
Selbstgefühl: Freiheit und Selbstentfaltung

Die Anwendung der unterschiedlichen Farben hat das Ziel, ausgleichend zu wirken. Fühlt sich ein Kind kraftlos, kann die Farbe Rot anregen. Hat ein Kind hingegen viel Kraft und Energie, benötigt es natürlich nicht noch zusätzlich Rot, *Farben können bewußt eingesetzt werden* sondern eher eine beruhigende Farbe wie zum Beispiel Grün, damit es wieder zu seinem inneren Gleichgewicht findet.

Die Farbtherapie kennt verschiedene Techniken, Farben zur Heilung einzusetzen: so die Farbbestrahlung mit Farblampen, das Auflegen von Farbtüchern oder Folien, die Einnahme von farbigem Quellwasser, das Tragen farbiger Kleidung oder das Visualisieren oder Meditieren von Farben. Die Farbe kann unter anderem auch auf einen bestimmten Körperteil bezogen angewandt werden. Ist das Ziel beispielsweise, den Lebensantrieb zu stärken, so wird das Sonnengeflecht im Bauchraum mit der gelben Farbe bestrahlt. Auf diese Weise findet ein Ausgleich im Körper statt, und der nötige Lebensantrieb wird angeregt.

Farben im Alltag Wir leben inmitten von Farben – ob es die zahlreichen, unterschiedlichen Farben in der Natur oder im Alltag sind, von der Kleidung bis hin zur Wohnungseinrichtung (Wände, Tapeten, Vorhänge, Tischdecken, Teppiche und so weiter). Wenn Sie die Spielsachen Ihres Kindes betrachten oder seine Lieblingsspeisen anschauen, werden Sie feststellen, daß diese oft besonders bunte Farben haben. Das uralte Wissen der Farbtherapie, die sich mit der Bedeutung von Farben auseinandergesetzt hat, wird auch von der modernen Werbung genutzt: Denken Sie beispielsweise an Nahrungsmittel, die mit Hilfe bestimmter Farbstoffe gefärbt werden und aufgrund dieser Färbung von den Kindern bevorzugt werden.

Kein Mensch kann sich dem Einfluß von Farben entziehen. Je nach Stimmung haben Sie vielleicht große Lust, den roten Pullover anzuziehen. An anderen Tagen hingegen möchten Sie nur nicht auffallen und wählen eine dezente Farbe aus. Auch im Volksmund finden sich zahlreiche Redewendungen, die sich auf Farben beziehen: Der Verliebte sieht alles durch eine rosarote Brille. Ein pessimistischer Mensch ist hingegen ein Schwarzseher, oder er hat sich schwarz geärgert. Weiß gilt als die Farbe der Reinheit, und daher hat ein Unschuldiger eine weiße Weste. Ein anderer lügt das Blaue vom Himmel oder ist blau wie ein Veilchen. Eine unauffällige Frau wird gerne als eine graue Maus bezeichnet.

Farben bestimmen unser Leben

Sie sehen: Farben spielen eine große Rolle in unserem Leben. Vielleicht verstehen Sie Ihr Kind jetzt besser, wenn es ein rotes Kleidungsstück oder einen bunten Teppich unbedingt haben möchte. Vertrauen Sie auf das natürliche Farbempfinden Ihres Kindes.

Die Bedeutung von Licht

Das Licht ist für uns Menschen eine wichtige
Lebensquelle. Es symbolisiert Hoffnung und
Zuversicht – denken Sie nur an den Spruch:
»Immer, wenn du denkst, es geht nicht mehr,
kommt irgendwo ein Lichtlein her.« Sie kennen
vielleicht auch noch das Gefühl, als Sie als Kind
im Bett lagen und den kleinen Lichtschimmer
vom Türspalt her sahen, der Ihnen Sicherheit
gab; oder die Freude, nach einem langen Winter endlich die ersten Sonnenstrahlen zu sehen
und zu spüren. Wenn Sie nachts aufwachen
und über Ihre Probleme nachdenken, kann es
sein, daß diese Sie zur Verzweiflung bringen; im

ersten Morgenlicht sieht dann alles schon wieder positiver aus.

Mit »Mir geht ein Licht auf!« oder »Das ist ja einleuchtend« bezeichnen wir das klare Verstehen und Begreifen einer Sache. So habe ich auch das Licht in meine Entspannungsgeschichten integriert, um den Alltag Ihres Kindes zu erhellen.

Wie lernt Ihr Kind das Memo-Training?

Ihr Kind wird das Memo-Training zuerst durch Ihre Anleitung lernen und es später selbständig anwenden.

In jeder Entspannungsgeschichte erhält Ihr Kind eine Erinnerungshilfe als Schlüssel zu seinen Fähigkeiten. Einmal findet es beispielsweise über die Figur des kleinen, glücklichen Tigers die Fähigkeiten von Ausgeglichenheit und Lebensfreude. Oder Heribert, das Glühwürmchen, hilft ihm bei Konzentrationsschwierigkeiten. Wenn das Kind darüber hinaus an eine bestimmte Farbe denkt oder etwa an den Zauberstein, der es mutig werden läßt, wird es Kontakt zu seinen inneren Kräften bekommen. Diese Erinnerungshilfen müssen über einen längeren Zeitraum trainiert und wiederholt

Kraft und Mut durch Erinnerungshilfen

werden. Später kann das Kind in der gewünschten Situation, beispielsweise bei Angst, an den Zauberstein denken, und es wird sich mutig fühlen.

Ihre Aufgabe besteht also darin, Ihrem Kind wenigstens viermal in der Woche regelmäßig dieselbe Entspannungsgeschichte vorzulesen. In der nächsten Woche erweitern Sie das Memo-Training um eine weitere Geschichte, die Sie ebenfalls viermal in der Woche regelmäßig erzählen und so weiter. Nachdem 14 Wochen vergangen sind und Ihr Kind alle Geschichten gehört hat, können Sie nach Wunsch einzelne Lieblingsgeschichten wiederholt vorlesen. Außerdem besteht die Möglichkeit, zum Beispiel vor einer Klassenarbeit ganz gezielt eine Geschichte zur Förderung der Konzentration vorzulesen, so daß diese Fähigkeit gestärkt und aktualisiert wird.

Der Baum als Begleiter durch die Geschichten

Sie beginnen mit der ersten Geschichte »Mein Freund, der Baum«. Der Baum ist der Ausgangspunkt in jeder Entspannungsgeschichte. Er ist der Freund, Spielgefährte und Berater Ihres Kindes. Die folgenden Geschichten können Sie nach Bedarf auswählen und vorlesen, sie bauen nicht aufeinander auf.

Praktische Übungsanleitungen – Hinweise für die Eltern

Bevor Sie mit dem Vorlesen der Entspannungsgeschichten oder – sofern Sie dieses Buch im Paket mit einer Cassette erworben haben – mit dem Hören der Cassette beginnen, möchte ich Sie noch auf einige wichtige Punkte hinweisen, die für einen gelungenen Übungsablauf erforderlich sind.

Einstimmung auf die Entspannungsgeschichten

Bevor Sie Ihrem Kind eine Entspannungsgeschichte vorlesen, müssen Sie selbst ruhig sein. Lassen Sie den Alltag hinter sich, und freuen Sie sich auf eine gemeinsame Mußestunde mit Ihrem Kind, die auch Ihnen guttun wird. Vermeiden Sie auf jeden Fall, zwischen Bügeln und Kochen Ihrem Kind in Hektik eine Entspannungsgeschichte vorzulesen. Kinder sind sehr sensibel, sie spüren innere Spannungen und reagieren darauf ebenfalls mit Unruhe.

Jetzt denken Sie gemeinsam mit Ihrem Kind über eine geeignete Entspannungszeit nach. Manchmal ist es günstig, das Entspannungstraining vor den Hausaufgaben oder dem Schlafengehen zu machen. Versuchen Sie, auf die Entspannungsbereitschaft Ihres Kindes einzugehen, und schenken Sie seinem Bedürfnis Beachtung.

Schaffen Sie eine gemütliche Atmosphäre Suchen Sie sich gemeinsam einen gemütlichen Entspannungsplatz in Ihrer Wohnung. Das kann beispielsweise das Bett, der Teppichboden oder ein bequemer Sessel sein.

Vielleicht können Sie noch eine ganz besondere Atmosphäre schaffen, indem Sie den Raum etwas abdunkeln, eine Kerze anzünden und mit einem entspannenden Duft eine Oase der Ruhe zaubern. Entspannungsdüfte, die bei Kindern sehr beliebt sind, sind etwa Honig, Vanille, Lavendel, Orange und Mandarine. Von diesen reinen ätherischen Ölen können Sie einige wenige Tropfen in einer Duftlampe erwärmen. Es bilden sich kleine Duftmoleküle, die den ganzen Raum angenehm duften lassen und das Wohlempfinden steigern. Manche Kinder nehmen ihr Lieblingskuscheltier in den Arm und unterstützen somit die Entspannung. Jetzt können Sie noch das Telefon abstellen und den übrigen Familienmitgliedern mitteilen, daß Sie einige Zeit ungestört sein möchten.

Körperhaltungen

Das Memo-Training kann im Liegen und im Sitzen angewandt werden. Dem Kind sollte die Möglichkeit gegeben werden, in beiden Körperhaltungen zu üben, so daß es sie im Alltag flexibel anwenden kann. Beim Sitzen sollten die Hände locker auf den Oberschenkeln aufliegen, grundsätzlich ist jedoch jede gemütliche Haltung erlaubt. Beim Liegen ruhen die Arme seitlich am Körper, die Beine sind leicht gespreizt und die Füße ohne Schuhe. In diesen Haltungen kann sich der Körper gut entspannen.

Falls Ihr Kind eine andere Körperhaltung bevorzugt, gehen Sie auf seine Wünsche ein; lassen Sie es ruhig auf der Seite oder auf dem Bauch liegen, wenn es sich in dieser Position besser entspannen kann.

Nach Möglichkeit sollen die Augen während der Geschichte geschlossen bleiben, damit keine äußeren Umwelteinflüsse die Konzentration von den inneren Bildern ablenken. Vielleicht erklären Sie Ihrem Kind, daß es sich um Traumgeschichten handelt, die man besonders gut mit geschlossenen Augen miterleben kann. In meiner Praxis kommt es vor, daß einige Kinder die Augen nicht geschlossen halten können. Hierzu ein kleiner Tip: Fixiert das Kind einen bestimmten Punkt im Raum, werden automatisch alle ablenkenden Sinneseindrücke ausgeschaltet. Möglicherweise lernt Ihr Kind mit dieser Hilfestellung, die Augen während der gesamten Übung geschlossen zu halten.

Träumen mit geschlossenen Augen

Reagieren Sie nicht mit Enttäuschung oder Ungeduld, wenn Ihr Kind weder die Augen schließt noch während der Entspannungsübung ganz ruhig liegenbleibt. Bedenken Sie, daß es eine völlig neue Erfahrung ist. Die Anwendung von Entspannungsgeschichten muß erst einmal geübt werden. Geben Sie sich und Ihrem Kind Zeit und Geduld, diese Entspannungsform zu erlernen.

Dauer der Übung

Die reine Übungsdauer einer Entspannungsgeschichte liegt bei circa zehn Minuten. Die Dauer variiert mit der unterschiedlichen Länge der Geschichten. Sie sollten nach Möglichkeit mit der Vor- und Nachbereitungszeit etwa 30 Minuten ansetzen.

Beenden der Übung – das Zurücknehmen

Der Körper ist während der Übung in einem sehr tief entspannten, schlafähnlichen Zustand. Wenn wieder die Aktivphase beginnen soll, muß der Körper, insbesondere der Blutdruck, wieder aktiviert werden. Im autogenen Training bezeichnet man diese Re-Aktivierung als das »Zurücknehmen« einer Übung.

> Nach jeder Übung muß die aufgebaute
> Entspannung zurückgenommen werden!

Beim Zurücknehmen ballt Ihr Kind die Hände zu Fäusten, winkelt die Arme einige Male kräftig zum Brustkorb hin an, atmet tief ein und aus und öffnet die Augen. Es kann sich recken und strecken, bis es sich wieder ganz wach fühlt.

So funktioniert das Zurücknehmen

Das Kind soll nach dem Zurücknehmen das Gefühl haben, wieder ganz frisch zu sein. Denn das Gehirn muß aus dem Alphabereich in den Betabereich ansteigen, um wieder richtig reagieren zu können (vgl. Seite 27). Hierzu ein Beispiel: Eine Lehrerin leitete vor einer Klassenarbeit eine Entspannungsübung an und ver-

Aufwachen, ohne schläfrig zu sein

43

gaß, die Übung von den Kindern zurücknehmen zu lassen. Einige Kinder waren wie benommen, waren schwindelig und konnten sich nicht konzentrieren.

Wenn Sie Ihrem Kind die Entspannungsgeschichte als Einschlafhilfe erzählen, wird auf das Zurücknehmen verzichtet. Hier ist das Ziel das Einschlafen und nicht die Aktivierung des Körpers. Durch die längere Nachtruhe erübrigt es sich nach dem Aufwachen, die Übung zurückzunehmen.

Das richtige Vorlesen
der Entspannungsgeschichten

Die Entspannungsgeschichten in diesem Buch sind keine gewöhnlichen Geschichten oder Märchen, und sie benötigen – damit sie ihre heilsame Wirkung entfalten können – eine besondere Vortragsweise. Sie sollen so langsam wie möglich vorgelesen werden. Allein Ihre ruhige und langsame Stimme wird Ihr Kind beruhigen.

Bedenken Sie, daß Ihr Kind Zeit braucht, die Geschichten sinnlich nachzuvollziehen (sehen, hören, fühlen, riechen, schmecken). Also lassen Sie sich Zeit. Bestimmte Sätze, wie beispielsweise »Ich bin ganz ruhig«, oder Wörter und Phrasen, die im Text kursiv gedruckt sind, betonen Sie mit einer etwas tieferen Stimmlage. Das ist wichtig, um sie von dem übrigen Text deutlich abzuheben.

Zum Schluß noch ein Hinweis, falls Sie dieses Buch zusammen mit einer Cassette erworben haben: Da es sich um sehr wirksame Entspannungsgeschichten handelt, soll die Cassette nur gemeinsam mit den Eltern gehört werden. Wählen Sie nur eine Geschichte aus, und entspannen Sie sich gemeinsam mit Ihrem Kind. Machen Sie es sich einfach bequem und träumen die Geschichte mit. Nachdem Ihr Kind die Entspannungsgeschichten unter Anleitung gehört hat, kann es später selbständig mit der Cassette umgehen.

Richtiger Umgang mit der Cassette

So, jetzt möchte ich Ihnen noch viel Freude und Geduld wünschen auf dem Weg in eine tiefe Entspannung.

Entspannungsgeschichten aus dem Memo-Training

Leiten Sie jede einzelne Entspannungsgeschichte mit dem Satz »Lege dich bequem hin und schließe deine Augen« oder »Setze dich bequem hin und schließe deine Augen« ein.

Mein Freund, der Baum

Bei dieser ersten Geschichte handelt es sich um die Einführungsgeschichte. Hier schließt Ihr Kind Bekanntschaft mit seinem Lieblingsbaum. Dabei wird es Ruhe und Ausgeglichenheit empfinden können. Außerdem wird die Sinneswahrnehmung aktiviert.

Irgendwo auf der Welt gibt es für jeden Menschen einen Lieblingsbaum. Dieser Baum ist etwas *ganz Besonderes*. Er kann *dich trösten*, dir einen *guten Rat geben*, mit dir *spielen, fröhlich sein* und *vieles, vieles mehr*. Und vielleicht hast du Lust, dich auf eine Reise zu begeben, um deinen Lieblingsbaum zu finden.

Und lasse dich einfach überraschen, wo du *deinen ganz eigenen Baum* finden wirst. Vielleicht kannst du ihn schon erkennen. Dann schaue ihn dir *ganz genau an*. *Welche Farben und Formen* siehst du? Und manchmal, wenn du genau hinblickst, kannst du auch etwas *ganz Besonderes erkennen*, was nur dein

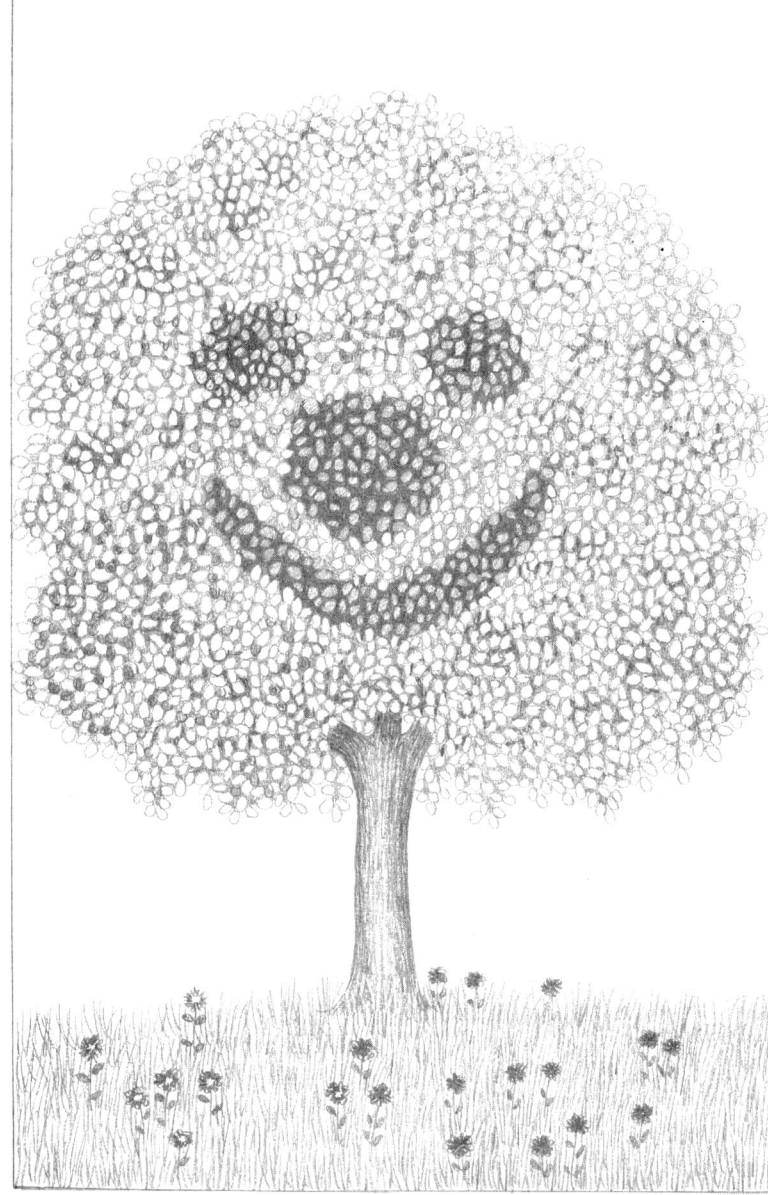

Baum hat. Wenn du jetzt Lust hast, kannst du deinen Baum auch *erspüren*, indem du ihn mit deinen Händen berührst oder auch in seine Äste emporkletterst, um ihn dir von oben noch einmal *ganz anders* anzuschauen. Und während du seine unterschiedlichen Farben auf dich wirken läßt, *hörst du ein leises Rauschen* seiner Blätter oder auch *das zarte Knarren* seiner Äste. Manchmal, wenn du seinen unterschiedlichen Geräuschen *ganz genau zuhörst*, ist es bald so, als ob er zu dir sprechen würde. Seine *freundliche, warme Stimme* sagt dann: »Suche dir einen gemütlichen Platz an meinem Stamm oder auch oben in meinen Ästen – einen Ort, an dem du dich *besonders wohl fühlen* wirst. Hier kannst du *dich ausruhen und erholen*.« Und schon bald hast *du deinen Platz gefunden* und dich irgendwo an deiner Lieblingsstelle an deinen *großen, starken Baum gekuschelt*. Während du seine *besondere Wärme spürst*, fühlst du dich *sicher und geborgen, ganz ruhig und tief entspannt*. Ein *ganz* besonderer Duft umhüllt dich und bewirkt, daß du *noch ruhiger und ruhiger wirst*.

Der Duft, die Farben und die *warme Stimme* deines Baumes bringen dich dazu, daß *du alles um dich herum vergißt*. Nur du und dein Lieblingsbaum sind wichtig. Während du weiter seiner freundlichen, *warmen* Stimme lauschst, wirst du zusehends *ruhiger und ruhiger*. So verweilst du eine Zeitlang in der Obhut deines Freundes.

Ganz vorsichtig streichelt er dir mit einem kleinen, zarten Zweig über die Stirn und flüstert leise: »Aufwachen!« Etwas verträumt reckst und streckst du dich und siehst, wie dir die Sonnenstrahlen entgegenblinzeln. »Das war aber ein toller Traum, ich fühle mich *so wohl und ausgeruht!*« Du spürst, daß du einen neuen, guten Freund gefunden hast, den du jederzeit besuchen kannst, um noch viele Dinge mit ihm gemeinsam zu erleben. Denn keiner kann so schöne Traumgeschichten erzählen wie dein Lieblingsbaum.

Zurücknehmen nicht vergessen!

Hermann, die Feldmaus

Die folgende Entspannungsgeschichte dient ganz gezielt dem Abbau von inneren Spannungszuständen und starkem Bewegungsdrang.

Heute ist ein Tag, an dem du Lust hast, deinen neuen Freund, den Lieblingsbaum, zu besuchen. Schon aus der Ferne siehst du, daß er dir mit seinen grünen Zweigen zuwinkt und sich auf dich freut. Du begibst dich an *deinen Lieblingsplatz und kuschelst* dich an seinen *starken Stamm*. Kaum hast du deine Augen geschlossen, kannst du seine *freundliche, warme Stimme* hören:

»Ich möchte dir nun die Geschichte von Hermann, der Feldmaus, erzählen. In der Nähe der großen Waldlichtung, auf einer wunderschönen Wiese, lebt Hermann, die Feldmaus. Hermann hat graues Fell und kleine, wache Knopfaugen. Da es Herbst wird, muß Hermann nun Vorbereitungen für den Winter treffen. Gerade ist er wieder emsig bei der Arbeit, als du ihm begegnest. Mit einem fröhlichen Mausehallo begrüßt er dich. ›Was machst du denn da?‹ fragst du Hermann. ›Ich sammle wichtige Vorräte für den Winter. Die Nüsse und anderen Vorräte habe ich schon in meiner Höhle untergebracht, jetzt suche ich gerade *die Ruhe und die Schwere.*‹ – ›Wie kann man denn *die Ruhe und Schwere* suchen?‹ – ›Das kann ich, und das mache ich jedes Jahr, paß auf, es ist ganz einfach. Suche dir *einen gemütlichen Platz* gleich neben mir.‹ Du legst dich neben Hermann auf die Wiese. *Dein Körper liegt ganz schwer* auf dem Boden.

›So, schaue dich genau um, lasse alle Farben auf dich wirken und *spüre*, wie *du ganz schwer* und *immer ruhiger wirst*, und das zarte Singen der Vögel bringt dich *noch tiefer und tiefer* in *deine Ruhe* hinein. Du spürst, wie *deine Arme, deine Beine, dein ganzer Körper ganz ruhig werden*. Und der liebliche Duft läßt dich alles um dich herum vergessen. Du fühlst dich *ganz ruhig, schwer und geborgen.*‹

Hermann zaubert nun eine kleine Flasche aus seinem strubbeligen, grauen Fell und beginnt, *die Ruhe und die Schwere* einfach abzufüllen. *Ganz* viele bunte Farben, Töne und Düfte fließen wie von Zauberhand in die kleine Flasche hinein. *Ganz vorsichtig* setzt Hermann einen kleinen Korken auf die Flasche und versteckt sie in seinem Rucksack.

›So, jetzt brauche ich noch *die Wärme.*‹ Wieder holt er eine Flasche hervor und beginnt, *einige der warmen Sonnenstrahlen*, die auf deinen Körper scheinen, einzufangen. *Du spürst, wie dein Körper wohlig warm wird. Deine Arme und deine Beine sind ganz warm.* Du fühlst dich *wohlig warm und geborgen*, während einige der glitzernden Sonnenstrahlen in Hermanns Flasche verschwinden. Du beobachtest ihn eine Weile, bis die Flasche randvoll geworden ist.

Hermann holt dich *ganz sanft* aus deinen Träumen zurück, indem er sagt, daß er nun fertig ist und ob du Lust hast, mit in seine Höhle zu gehen.

Gemeinsam geht ihr einen kleinen Waldweg entlang, bis Hermann auf einen Eingang zeigt: ›Hier ist mein Winterquartier.‹ Der Eingang ist groß, freundlich und hell. *Ganz* mühelos wandert ihr *tiefer und tiefer* in die Höhle hinein. An der Seite von Hermann fühlst du dich *sicher und geborgen*, bis er ruft: ›Hier ist es, wir sind da.‹

Eine runde Tür öffnet sich, und ein buntes Schlaraffenland kommt zum Vorschein. Viele leckere Dinge liegen sorgsam sortiert in vielen bunten Körben. In der Ecke steht ein gemütliches Bett. Auch sonst ist einfach alles vorhanden, was man für einen Winterschlaf braucht – es fehlt einfach an gar nichts. ›Mache es dir bequem!‹ Du wirst aus deinen Gedanken zurückgeholt. Hermann liegt schon im Bett und öffnet freudig die erste Flasche. Der *ganze* Raum füllt sich mit *Wiesenduft, Vogelgezwitscher und den schönsten Farben* der Welt. Alle Farben, Töne, Düfte verteilen sich, und *du spürst* die *gleiche Schwere* und *die tiefe Ruhe* wie vorhin. *Dein Körper wird ganz schwer und ruhig.*

Nun öffnet Hermann die zweite Flasche. Wiederum funkelt und glitzert der *ganze* Raum. Ein Sonnenstrahl nach dem anderen erfüllt die Höhle mit Licht und Wärme. *Du spürst diese angenehmen warmen Sonnenstrahlen auf deiner Haut* und fühlst dich *ganz warm und geborgen.* So liegst du eine Weile und *genießt die Schwere, die Wärme* und *die ganz tiefe Ruhe* in dir. Du bist gerade *so tief entspannt*, als du aus der Ferne eine zarte Stimme hörst. Es ist Hermann, der dir *ganz* schlaftrunken sagt, daß es Zeit wird für dich zu gehen, da er jetzt seinen Winterschlaf machen möchte. Du reckst und streckst dich und verabschiedest dich von Hermann, der in einen *ganz tiefen* Mäuseschlaf gefallen ist.

Als du dich auf den Heimweg machst, siehst du, daß Hermann dir zwei kleine Flaschen *mit Ruhe, Schwere und Wärme* abgefüllt hat, und auf einem Zettel steht geschrieben: *Wann immer du sie brauchst, kannst du sie öffnen. Liebe Grüße, Hermann.* Ganz leicht findest du den Ausgang, und schon siehst du das Tageslicht dir entgegenleuchten.«

Du bedankst dich bei deinem Freund, dem Baum, für die schöne Geschichte und machst dich gleich auf den Weg nach Hause. Die kleinen Flaschen hältst du *ganz fest* in deiner Hand, und vielleicht hast du eine Idee, wann du sie öffnen wirst.

Zurücknehmen nicht vergessen!

Mein Entspannungsstern

Diese Geschichte hilft dabei, einmal so richtig Abstand vom Alltag zu gewinnen und alle Sorgen und Probleme einfach zu vergessen.

Gerade bist du wieder bei deinem Freund, dem Baum, angekommen. Du kuschelst dich an ihn und machst es dir *so richtig gemütlich*. Als du seiner freundlichen Stimme lauschst, fühlst du *dich warm, sicher und geborgen*. Der leichte Wind, der durch seine Äste weht, bewirkt, daß du alles *um dich herum vergißt* und der Stimme deines Baumes *konzentriert* folgen kannst.

»Heute möchte ich dir die Geschichte von *deinem Entspannungsstern* erzählen: Er liegt *ganz, ganz* weit entfernt, hoch über allen Wolken, an vielen anderen Sternen vorbei im Universum. Wenn es dunkel ist, kannst du ihn an seinem wunderbaren Leuchten erkennen. Denn kein Stern funkelt so schön wie *dein Entspannungsstern*.«

Und kaum hast du an *deinen Entspannungsstern* gedacht, landet unmittelbar vor dir eine bunte fliegende Untertasse. Eine kleine Tür öffnet sich, und eine freundliche Außerirdische kommt zum Vorschein: »Ich heiße Relaxa und komme direkt von *deinem Entspannungsstern*, um dich mitzunehmen.« Schon ihr wunderbares Aussehen macht es dir möglich, dich *ganz sicher* in ihrer Nähe zu fühlen. Eine bequeme Treppe führt zum Raumschiff hinauf. Die Tür wird verschlossen, und die Reise beginnt. Du machst es dir neben Relaxa *gemütlich* und schaust ihr zu, wie sie *ganz sicher* das Raumschiff steuert.

Du fühlst *dich warm, sicher und geborgen*, während das Raumschiff *immer höher und höher* in den Himmel aufsteigt. *Alle Gedanken bleiben unten auf der Erde zurück.* Immer weiter steigt ihr empor, und *du wirst ruhiger und ruhiger.* Und wenn du aus dem Fenster schaust, kannst du die wunderbare Vielfalt des Universums betrachten. Alle Farben und Formen, die du erkennen kannst, bewirken, daß du *ruhiger und ruhiger wirst.* Auch der liebliche Gesang von Relaxa, die dir ein Lied von *deinem Entspannungsstern* vorsingt, macht es dir möglich, *noch ruhiger und ruhiger zu werden* – bis du auf einmal einen besonders schönen, funkelnden Stern erkennen kannst. »Wir sind gleich da«, hörst du die zarte Stimme von Relaxa sagen. »Hier ist *dein Entspannungsstern.*« Vorsichtig setzt das Raumschiff zur Landung an, die Tür öffnet sich, und ehe du dich versiehst, seid ihr auf *deinem Entspannungsstern* gelandet. *Ganz* vorsichtig betrittst du gemeinsam mit Relaxa den *festen* Boden. Und während ihr weitergeht, fühlst du *dich warm, sicher und geborgen.* Alles Schöne, was du siehst, bewirkt, daß du *noch ruhiger und ruhiger* wirst. Selbst die leisen Töne um dich herum machen es dir möglich, *noch ruhiger zu werden.* Und auch der Duft, der deinen Entspannungsstern umgibt, bringt dich dazu, dich *warm, sicher und geborgen* zu fühlen. Schließlich findest du einen Platz, an dem du dich hinlegen möchtest, um hier nur an *schöne Dinge* zu denken. *Dein Körper* liegt *ganz schwer* auf dem Boden. Die *angenehme, warme Luft* umhüllt deinen Körper, der nun *ganz warm* geworden ist. Und während du den wunderbaren Duft riechst, *fühlst du dich ganz wohl und ruhig.* Genieße eine Weile, auf *deinem Entspannungsstern zu träumen* und deinen Alltag *ganz zu vergessen. Richtig ruhig und erholt fühlst du dich*, als du die liebliche

Stimme von Relaxa sagen hörst, daß es jetzt Zeit für den Rückflug wird.

Ihr betretet wieder das Raumschiff und fliegt *ganz langsam* der Erde entgegen. Als du aus dem Fenster blickst, kannst du erkennen, daß *ihr tiefer und tiefer* fliegt, bis du in weiter Ferne deinen Freund, den Baum, erkennen kannst. Und schon bald darauf seid ihr wieder *ganz sicher* auf der Erde gelandet. Relaxa verabschiedet sich von dir und fliegt mit ihrer fliegenden Untertasse zur Erkundung weiterer Entspannungssterne für andere Menschen in den Himmel hinauf.

»Na, gut erholt?« hörst du die Stimme deines Baumes fragen. »Ja, es war *wunderschön*. Ich habe jetzt meinen *ganz eigenen Entspannungsstern* gefunden, den ich auch *nur selbst* sehen kann und kein anderer Mensch. Wenn der Stern heute abend wieder funkelt, muß ich nur zu ihm emporblicken, und Relaxa kommt mit ihrer fliegenden Untertasse, um mich abzuholen.« Du reckst und streckst dich noch ein wenig, verabschiedest dich von deinem Baum und freust dich auf heute abend, wenn du deinen Entspannungsstern im Nachthimmel funkeln sehen kannst.

Zurücknehmen nicht vergessen!

Die Zauberinsel mit dem Satz »Ich schaffe es!«

In dieser Geschichte wird das nötige Durchhaltevermögen vermittelt, das man braucht, um ein Ziel zu erreichen. Darüber hinaus werden die Konzentrationsfähigkeit sowie der Abbau von Ängsten gefördert.

Heute ist wieder ein Tag, wo du Lust hast, mit deinem Freund, dem Baum, etwas zu erleben. Schon von weitem raschelt er dir mit seinen grünen Blättern freudig entgegen. Du machst es dir wieder an deinem Lieblingsplatz gemütlich. Und während du dich *ganz fest* an deinen Baum *kuschelst*, fühlst du *dich wohlig warm und geborgen*. Der liebliche Duft deines Baumes bewirkt, daß du *alles um dich herum vergißt* und *ruhiger und ruhiger wirst*. Du bist *ganz tief entspannt*, während dein Baum dir die Geschichte von der *Zauberinsel* erzählt:

»Die *Zauberinsel* liegt in einem *ganz* fernen Land auf der anderen Seite der Erde. Dort ist es *ganz friedlich und ruhig*, aber es gibt dort auch Geheimnisse zu ergründen. Wenn du es dir *ganz stark* wünschst, kannst du auf *deine Zauberinsel* kommen.«

Und ehe du mit deinen Wünschen fertig bist, siehst du schon die zauberhaften Farben deiner Insel, die dich dazu bringen, *ruhiger und ruhiger zu werden*. Du unternimmst einen kleinen Spaziergang, um die Besonderheiten dieses Ortes kennenzulernen. Zuerst gehst du einem wunderbaren Duft nach, der dich *noch ruhiger und ruhiger* werden läßt. Dann spürst du die *warmen Sonnenstrahlen* auf *deinem Körper*, und du fühlst *dich warm, sicher und geborgen.* Und als du weiter deine Zauberinsel erkundest, kannst du viele interessante Dinge finden, die dir Spaß machen. Da gibt es die verschiedensten Früchte, wie Bananen, Kokosnüsse, Kiwis oder Orangen. Immer weiter gehst du nach deinem *ganz* eigenen Tempo und *genießt* die Geheimnisse der Zauberinsel. Und während du das eine oder andere sehen, hören und vielleicht auch riechen kannst, wirst du *ruhiger und ruhiger*, bis du alles um dich herum vergessen hast.

Auf einmal riechst du einen ganz *wundersamen Duft*, dem du *ganz* neugierig folgst, bis dein Blick auf eine wunderschöne Blume fällt. Sie sieht wirklich besonders aus mit ihren unterschiedlichen Farben und Formen. Und während du sie weiterhin betrachtest, hörst du eine leise, kaum hörbare Stimme flüstern: »Ich bin *die Zauberblume* von *der Zauberinsel!* Ich kann dir helfen, *dich besser zu fühlen.* Ich kenne viele Kinder, die Sorgen haben, und irgendwann in ihrem Leben besuchen sie mich hier auf *der Zauberinsel.*« *Ganz konzentriert und aufmerksam* lauschst du den Worten der Zauberblume. Du spürst, wie du auf wundersame Art und Weise *ruhiger und ruhiger wirst* und *dich in ihrer Gegenwart richtig wohl und geborgen fühlst.* Die Zauberblume sagt zu dir: »Wenn du unkonzentriert bist oder Angst hast, kann ich dir einen Zaubersatz verraten, an den du nur denken mußt. Er heißt: ›*Ich schaffe es!*‹«

»Wie, einfach nur: ›*Ich schaffe es!*‹?« fragst du *ganz* erstaunt. »Du kannst mir glauben, er hat bereits vielen Kindern geholfen. Erst gestern hat mich ein Kind besucht, weil es in der Schule Probleme gab. Es hat den Satz im Unterricht oder vor der Klassenarbeit gedacht und konnte sich *längere Zeit kon-*

zentrieren. Oder das Mädchen, das Schwierigkeiten zu Hause hatte, konnte besser damit fertigwerden. Wie du hörst, gibt es für jedes Problem eine Lösung. Der Satz ›*Ich schaffe es!*‹ gibt auch dir *Kraft und Mut.*«

Und während du der Zauberblume *ganz aufmerksam* zuhörst, stellst du dir eine Situation aus deinem Leben vor. Du denkst an den Satz »*Ich schaffe es!*«, und tatsächlich *spürst du nun eine tiefe Ruhe und Mut in dir.* Eine *große Entschlossenheit durchströmt deinen Körper. Deine Körperhaltung, dein Blick* verändern sich, und du *bist fest entschlossen, dein Ziel zu schaffen.* Eine wundersame Stimme flüstert *ganz* leise in dir immer wieder den Satz: »*Ich schaffe es!*« So kannst du *Kontakt zu deiner ganz tiefen Ruhe und dem Mut* in dir bekommen. *Du fühlst dich richtig stark.* »Na, funktioniert es?« holt dich die leise Stimme der Zauberblume aus deinen Gedanken zurück. »Und wie«, antwortest du, »einfach *ganz toll!*« Du bedankst dich bei *der Zauberblume* für den wirksamen Satz und kehrst zu deinem Freund, dem Baum, zurück, dem du gleich den Satz »*Ich schaffe es!*« erzählen wirst.

Dein Baum freut sich mit dir. Und nachdem du ihm noch eine ganze Menge von deinen Erlebnissen erzählt hast, hast du vielleicht schon eine Idee, wofür du den Satz »*Ich schaffe es!*« jetzt gleich gebrauchen kannst.

Zurücknehmen nicht vergessen!

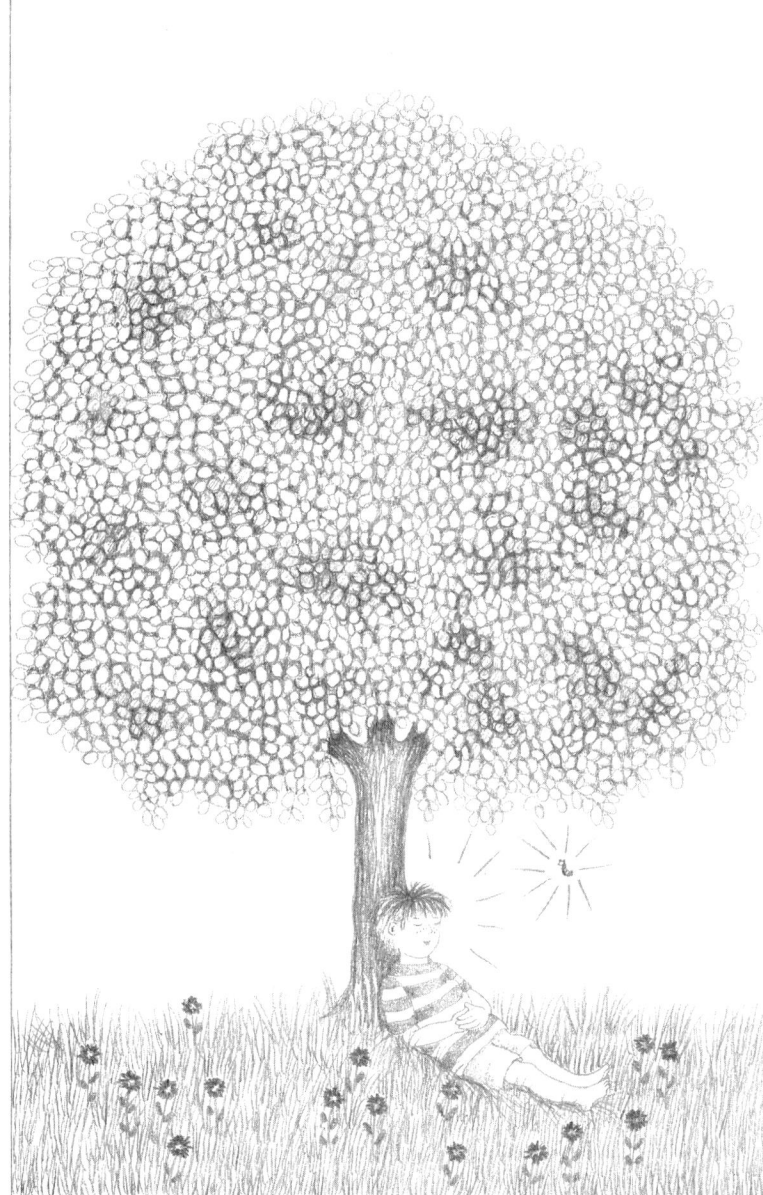

Heribert, das Glühwürmchen

Diese Geschichte hilft Ihrem Kind, Abstand vom Alltag zu bekommen. Die innere Ruhe sowie die Konzentrationsfähigkeit werden gefördert.

Nachdem du deinen Freund, den Baum, begrüßt hast, machst du es dir an *deinem Lieblingsplatz gemütlich*. Du fühlst *dich warm, sicher und geborgen*, als du der freundlichen, warmen Stimme deines Baumes lauschst. Sein wunderbarer Duft bewirkt, daß *du alles um dich herum vergißt* und dich *ruhiger und ruhiger* fühlst.

»Ich möchte dir nun die Geschichte von meinem Freund *Heribert, dem Glühwürmchen,* erzählen. Wenn es *ganz, ganz* dunkel ist, dann leuchtet *Heribert besonders schön, so schön und hell,* daß alle Kinder, die ihn sehen, *ganz, ganz ruhig werden* und sich *wohl und warm* fühlen.«

Und während du an Heribert denkst, hörst du auf einmal eine leise Stimme rufen: »Hallo, hallo, hier bin ich, du mußt deine Augen schließen, sonst kannst du mich nicht sehen!« Nachdem du deine Augen geschlossen hast, *strahlt Heribert* in seinem *schönsten Licht.* Er funkelt und leuchtet so schön, daß *du ruhiger und ruhiger wirst. Dein Körper ist ganz schwer,* und *eine angenehme Wärme durchströmt dich.* »Also, paß auf!« sagt Heribert. »Ich kann noch viel, viel mehr als funkeln und leuchten. Ich kann dir nämlich helfen, wenn du keine Ideen hast oder dich schlecht konzentrieren kannst. Dann mußt du nur die Augen schließen und an mich denken, und ich bin sofort für dich da.«

Du probierst es gleich einmal aus; vielleicht sind es ja die Hausaufgaben, ein Spiel oder etwas anderes, wobei du *Heribert* brauchen kannst. Und während du weiter an ihn denkst, ist er *ganz leuchtend* und *funkelnd* erschienen. *Sein Leuchten* bewirkt, daß *du ruhiger und ruhiger wirst* und *deine Gedanken anfangen, sich zu ordnen. Dein Kopf wird klar und frisch*, während dein *Körper angenehm warm bleibt. Alle Nebengedanken ziehen wie Wolken an dir vorbei,* und du kannst dich *ganz* auf die Dinge *konzentrieren*, die du gerade machst. Und während du weiterhin diese *tiefe Ruhe* in dir spürst, wird es dir möglich, *ganz tolle Ideen zu entwickeln. Das Leuchten* bringt dich immer mehr dazu, dich *zu konzentrieren. Deine Gedanken* werden *klarer und klarer*, während *dein Körper ganz ruhig ist*. So verweilst du eine Weile und *genießt die Vielfalt deiner neuen Ideen*. Nachdem du nun genug nachgedacht hast, bedankst du dich bei *Heribert* und verabschiedest dich von ihm. Sein Licht wird jetzt zunehmend weniger, bis er *ganz* verschwunden ist.

Der leichte Wind, der durch die Äste deines Baumes weht, weckt dich *ganz* vorsichtig. »Schön geträumt! Es war sehr, sehr schön. Ich fühle mich richtig *ausgeruht* und *voller Kraft und Energie*.« Du winkst deinem Baum noch einmal aus der Ferne zu und freust dich schon auf eine neue Geschichte.

Zurücknehmen nicht vergessen!

Mein Ruhefisch

Diese Geschichte hilft, richtig tief zu entspannen, um Ängste und Unruhezustände abzubauen. Des weiteren kommt das Kind mit seiner Lebensfreude in Kontakt.

Heute ist mal wieder so ein Tag, an dem du Lust hast, deinen Freund, den Baum, zu besuchen. Schon aus der Ferne siehst du *seine große, freundliche Erscheinung,* und du freust dich richtig auf ihn, denn er wird dir sicherlich gleich wieder eine *ganz* tolle Traumgeschichte erzählen. Und tatsächlich, kaum hast du es dir an *deinem Lieblingsplatz gemütlich gemacht,* fühlst du dich schon *ganz warm, sicher und geborgen.* Der leise Wind, der durch die Blätter streicht, bewirkt, daß du *dich ruhiger und ruhiger fühlst* und die *warme,* freundliche Stimme deines Baumes hören kannst:

»Heute möchte ich dir die Geschichte von meinem Freund, dem *Ruhefisch,* erzählen. *Der Ruhefisch* ist ein *ganz* besonderer Fisch. Er ist nämlich wunder-wunderschön, so schön, daß alle anderen Fische vergnügt gucken, wenn er vorbeischwimmt. Außerdem besitzt er *ganz* besonders glitzernde Schuppen. Wenn er sieht, daß ein Fisch traurig ist, schenkt er ihm eine seiner glitzernden Schuppen. Und was glaubst du, passiert? Der Fisch wird wieder *ganz ruhig und heiter.* Die Schuppen können nämlich *ganz ruhig und fröhlich* machen.«

Während du weiterhin der Stimme des Baumes lauschst, bist du auf einmal an einem wunderschönen Strand gelandet. *Dein Körper liegt ganz schwer* im Sand, und die *Sonnenstrahlen erwärmen dich.* Du fühlst dich *warm, sicher und geborgen.* Da

siehst du etwas Glitzerndes aus dem Meer scheinen. Und ehe du dich versiehst, funkelt dir *der Ruhefisch* mit seinen glitzernden Schuppen entgegen.

Als du nun langsam aufstehst, um ihm entgegenzugehen, fragt er dich auch schon, ob du Lust hast, sein Zuhause und seine Freunde des Meeres kennenzulernen. *Der Ruhefisch* bläst nun eine *riesengroße Luftblase* auf, in der du genug Luft hast und mit der du bequem tauchen kannst. Kaum hast du es dir in deiner Luftblase bequem gemacht, taucht ihr ins Meer hinab. Während *du tiefer und tiefer tauchst*, fühlst du *dich ruhiger und ruhiger*. Alle Gedanken bleiben zurück. *Der Ruhefisch* schwimmt *ganz ruhig* neben dir her, und während dein Blick auf seine glitzernden Schuppen fällt, wirst du *noch ruhiger und ruhiger*.

So schwimmt ihr beide *ganz ruhig*. Überall kannst du viele andere bunte Fische sehen, die fast alle eine glitzernde Schuppe tragen. Es sieht wunderschön aus, wie die unterschiedlichen Farben funkeln und funkeln, und *du wirst ruhiger und ruhiger*. Das leise Blubbern der Fische bewirkt, daß du dich *richtig warm und geborgen fühlst*. Immer weiter geht die Reise, an den unterschiedlichsten Pflanzen und Tieren vorbei. Alle lächeln oder funkeln euch zu. Und immer, wenn du dieses Glitzern siehst, dann fühlst du dich *ganz ruhig*.

Nachdem du noch eine Weile mit *dem Ruhefisch* durch seine Heimat gereist bist, taucht ihr langsam wieder auf. *Immer höher und höher*, bis du die Sonnenstrahlen erkennen kannst. Der Ruhefisch verabschiedet sich von dir und schenkt dir zum Abschluß eine seiner schönsten glitzernden Schuppen. *Ganz* fest nimmst du sie in deine Hand, als er zu dir sagt: »Du bist jetzt mein Freund geworden, und wenn du an meine glitzernde Schuppe denkst, wirst du *ganz ruhig und fröhlich* – so wie auf unserer Reise.« Du bedankst dich bei ihm und siehst schon, wie er lächelnd im Meer verschwindet. Du legst dich noch ein wenig an den Strand, um dich von den *warmen Sonnenstrahlen trocknen* zu lassen.

Als du wieder an deinem Baum aufwachst, siehst du noch die kleine glitzernde Schuppe in deiner Hand, die wie tausend kleine Sterne blitzt. »Du hast ja wirklich tolle Freunde«, sagst du zu deinem Baum. »Wir«, antwortet er. »Vielen Dank und bis morgen zur nächsten Traumgeschichte!« Die glitzernde Schuppe versteckst du ganz sorgfältig und freust dich über das Geschenk.

Zurücknehmen nicht vergessen!

Meine Konzentrationsfrucht

In dieser Geschichte werden noch einmal ganz gezielt die Konzentrationsfähigkeit und das Selbstwertgefühl des Kindes aktiviert.

Nachdem du heute wieder einen anstrengenden Tag hattest, freust du dich schon auf deinen Freund, den Baum, denn er erzählt dir sicherlich gleich wieder eine seiner schönen Traumgeschichten. Und als du seine großen, starken Äste siehst, die dir schon von weitem freudig zuwinken, fühlst du dich bereits *ruhiger und ruhiger*. Sein einmaliger Duft bewirkt, daß *alle deine Gedanken zurückbleiben* und *du dich ganz ruhig fühlst*. *Du kuschelst* dich an *deinem Lieblingsplatz* an deinen Baum und spürst, daß *dein Körper ganz schwer* wird. Die *warmen*, leuchtenden Sonnenstrahlen, die durch die Blätter scheinen, machen es dir möglich, *dich wohlig warm und geborgen zu fühlen*. Und als du dich *so richtig wohl fühlst*, hörst du die freundliche, *warme* Stimme deines Baumes, der dir heute die Geschichte von seinem Freund, *dem Zauberbaum*, erzählen möchte – einem Baum, der *ganz besondere Früchte* trägt.

Als du *ganz tief* in deine Gedanken versinkst, kannst du einen schmalen Weg vor dir erkennen. Im Hintergrund hörst du die leise, *warme* Stimme deines Baumes flüstern: »Das ist der Weg, der dich zu deinem Zauberbaum führen wird.« Nach deinem *ganz eigenen Tempo* schlenderst du den Weg entlang. Unterwegs kannst du viele bunte Blumen und Bäume sehen, *die dich ruhiger und ruhiger machen*. Die *warmen* Sonnenstrahlen, die auf deinen Körper scheinen, bewirken, daß *du*

dich wohlig warm fühlst. Manchmal, wenn du *ganz* aufmerksam bist, kannst du auch unterschiedliche Düfte riechen, die dich *ruhiger und ruhiger* machen, bis du *alles, was dich belastet, vergessen hast.*

Und als du den Weg weitergehst, glaubst du, eine kaum hörbare, zarte Stimme zu hören: »Ich trage die schönsten und leckersten Früchte der Welt. Wer davon kostet, kann sich *gut konzentrieren.*« Als du dich umblickst, wiegt sich ein großer Apfelbaum mit seinen wunderschönen, roten Äpfeln im leichten Wind. Die Früchte strahlen in der Sonne, so daß *du ruhiger und ruhiger wirst.* »Pflücke mich, ich bin reif!« ruft dir eine Frucht zu. Und kaum streckst du ihr deine Finger entgegen, fällt sie *ganz schwer* in deine Hände. »Wenn du mich jetzt ißt, kannst du *dich wunderbar konzentrieren.*« – »Na prima«, denkst du und legst dich unter den Baum in das *weiche* Gras. *Dein Körper liegt ganz schwer auf dem Boden*, und die *warmen Sonnenstrahlen erwärmen dich.* Du fühlst *dich sicher und geborgen*, während du *vorsichtig deinen Konzentrationsapfel* in den Händen hältst und ihn *ganz aufmerksam* betrachtest.

Viele unterschiedliche Dinge sind an deinem Apfel erkennbar, und du spürst, wie sein Anblick *dich ruhiger und ruhiger werden läßt.* Und als du nun *ganz vorsichtig* seine Schale ertastest, spürst du, wie sich *deine Gedanken ordnen* und *du konzentrierter und konzentrierter wirst.* Und während *deine Aufmerksamkeit* nun *ganz* auf den Apfel gerichtet ist, kostest du *vorsichtig* von seiner Frucht. Sein wunderbarer Geschmack bewirkt, daß du *ganz konzentriert bleibst.* Der *leichte kühle Wind*, der über *deine Stirn streicht*, macht *deinen Kopf klarer und klarer.*

Und je mehr du von *deinem Zauberapfel ißt*, um so mehr *vergißt du alles um dich herum*, was dich sonst ablenkt. Du genießt es noch eine Zeitlang, in der *warmen Sonne* zu liegen und von *deinem Zauberapfel zu essen*, bis du das Gefühl hast, *ganz tief konzentriert zu sein*.

»Du kannst immer wieder zu mir kommen, wenn du meine *Konzentrationsfrucht* brauchen solltest«, hörst du die zarte Stimme des Apfelbaumes rufen. »Das will ich gerne tun«, antwortest du, »denn manchmal kann ich mich wirklich nicht so gut konzentrieren, und dann würde mir deine Frucht helfen. – Also bis demnächst«, verabschiedest du dich von *dem Zauberbaum*.

Nach deinem *ganz eigenen Tempo* schlenderst du den Weg zu deinem Freund, dem Baum, zurück. Und während du *ganz langsam* gehst, fühlst du dich *ganz konzentriert und ausgeruht*. An deinem Ausgangspunkt angekommen, bedankst du dich bei deinem Baum für die schöne Geschichte mit *der Konzentrationsfrucht* und verabredest dich mit ihm gleich für den nächsten Tag.

Ganz ausgeruht und konzentriert kommst du zu Hause an. Und vielleicht hast du schon eine Idee, wann du *deine Konzentrationsfrucht* gebrauchen kannst.

Zurücknehmen nicht vergessen!

Mein Freund, der Mond

Diese Geschichte hat sich besonders als Gute-Nacht-Geschichte bewährt. Sie fördert das Ein- und Durchschlafen, baut Ängste ab und hilft dem Kind, leichter vom Alltag abzuschalten und Ruhe zu finden.

Heute möchtest du wieder deinen Freund, den Baum, besuchen. Schon aus der Ferne meinst du, seine freundliche, *warme* Stimme zu hören. Mit schnellen Schritten hast du deinen Lieblingsbaum auch schon erreicht. *Du kuschelst dich an deinen Lieblingsplatz* und läßt dich von deinem Freund, dem Baum, *verwöhnen*. Du fühlst dich *warm, sicher und geborgen*, während du seiner *sanften* Stimme lauschst.

»Heute möchte ich dir eine *ganz* besondere Geschichte erzählen: von meinem Freund, *dem Mond*. Wenn du einmal nicht schlafen kannst oder wenn du Sorgen hast, wird dir *der Mond* helfen. Also, paß genau auf! Stelle dir vor, daß du zu Hause in deinem Bett liegst.«

Als du so den Worten deines Baumes lauschst, spürst du, wie *du ruhiger und ruhiger wirst* und *deine Arme und Beine ganz schwer* werden. Du kannst gerade noch den lieblichen Duft riechen, der dein Zimmer erfüllt, als du einen wunderschönen, leuchtenden Mond vor dir landen siehst.

»Ich bin *dein Freund, der Mond*, und möchte dich auf *meiner Mondschaukel in das Schlafland* mitnehmen.« Du kuschelst dich in das *weiche, warme Mondbett ein* und läßt dich *ganz sanft wiegen. Dein Körper* liegt *ganz schwer im Mondbett*, und *die weiche, warme Monddecke* bewirkt, daß *dein Körper ganz*

warm ist. Der leichte Wind wiegt euch *ganz behutsam hin und her. Alles um dich herum ist vergessen*, und du spürst, daß *du ruhiger und ruhiger wirst*. Und während *die kleinen, leuchtenden Schlafsterne* um dich herum dir freundlich zuglitzern, fühlst du dich *warm, sicher und geborgen. Dein Atem wird ruhiger und ruhiger*, und als du die leise, liebliche Stimme des Mondes hörst, bist du *ganz schwer und müde geworden. So wiegt* der Mond *dich ganz langsam immer tiefer und tiefer dem Schlaf* entgegen. Du spürst, wie dein Körper *schwerer und schwerer wird*, wie *deine Gedanken langsam weniger werden* und wie *eine tiefe, angenehme Müdigkeit* deinen *ganzen Körper durchströmt*. Und während du den lieblichen *Schlafduft* deines Mondes riechst, bist du dabei, in einen *ganz tiefen* und *festen Schlaf* zu fallen. *Dein Mond* und *die Schlafsterne* flüstern dir mit ihren *leisen, warmen* Stimmen »*Schöne Träume!*« zu. Und während du nun vielleicht schon *schläfst*, wird *der Mond* mit *den Schlafsternen* über deine Träume wachen, so daß du nur *die allerschönsten Träume der Welt hast*. Mit dem *tiefen Vertrauen*, daß *dein Freund, der Mond*, und *die Schlafsterne auf dich aufpassen*, wirst du *einen wunderbaren, erholsamen Schlaf haben*. Du fühlst dich während deines Schlafes *ganz sicher und geborgen* und wirst morgen früh, wenn du *wieder aufwachst, ganz ausgeruht* und *voller Energie* sein.

Diese Übung wird im Gegensatz zu den anderen Übungen nicht zurückgenommen, da sie beim Ein- und Durchschlafen helfen soll. Wenn Ihr Kind morgens aufwacht, kommt das der »Zurücknahme« gleich.

Ghini, der Flaschengeist

In dieser Entspannungsgeschichte werden das Selbstvertrauen, die Konzentration und die Lebensfreude der Kinder angeregt.

Heute hast du es besonders eilig, deinen Freund, den Baum, zu treffen. Sein wunderbarer Duft, den du schon von weitem riechst, bewirkt, daß *du ruhiger und ruhiger wirst.* Je näher du deinem Baum entgegenkommst, um so mehr spürst du, daß *ganz langsam alle Gedanken zurückbleiben.*
»Hallo, ich freue mich, dich zu sehen!« hörst du die freundliche, *warme* Stimme deines Lieblingsbaumes sprechen. »Ich glaube, ich erzähle dir heute die Geschichte von meinem Freund Ghini, dem Flaschengeist, aber erst mußt du es dir wieder an deinem Lieblingsplatz gemütlich machen, damit du auch gut träumen kannst.« Und kaum hast du dich an deinen Platz gekuschelt, spürst du, wie *dein Körper ganz schwer wird.* Die *warmen Sonnenstrahlen* scheinen auf deinen Körper und bewirken, daß *dein ganzer Körper strömend warm wird.* Du fühlst dich *warm, sicher und geborgen,* während du der sanften Stimme deines Baumes lauschst:
»Ghini ist ein uralter Flaschengeist, der schon weit über tausend Jahre in seiner gemütlichen Flasche lebt. Und da er schon so alt ist, weiß er natürlich eine ganze Menge. Er ist für viele Menschen unsichtbar, aber das ist ja gerade das Besondere an ihm.«
Und auf einmal kommt dir eine etwas sonderbare Flasche vor die Füße gerollt. *Ganz neugierig* nimmst du sie in deine

Hände und schaust durch die schmale Öffnung in ihr Inneres. Erst ist alles etwas undeutlich, bis eine kleine Lichtfontäne aus der Flasche steigt. Immer größer und größer wird das Licht, bis auf einmal eine *große, freundliche Erscheinung, ein Flaschengeist,* zutage tritt. Der liebliche Duft, der ebenfalls aus der Flasche strömt, macht es dir möglich, *ganz ruhig und sicher* dem Geschehen zu folgen. Mit einem leichten Augenzwinkern schaut dich der Flaschengeist *ganz liebevoll* an. Und als dein Blick so an ihm herauf und herunter streift, bist du richtig verzaubert. Er sieht so stolz und klug aus.

»Ich heiße übrigens Ghini. Du hast mich gerufen: Hier bin ich! Wobei kann ich dir helfen?« Nach diesem tollen Angebot des Flaschengeistes mußt du erst einmal genau überlegen, denn es sind viele Dinge, die dir einfallen – ob es die Schule, die Lehrer, die Eltern, die Freunde oder Freundinnen sind. Manchmal hast du auch Angst und traust dich nicht, einem Menschen von deinen Sorgen zu erzählen... Als ob Ghini deine Gedanken lesen könnte, sagt er: »Ich kann dir bei allen Dingen des Lebens helfen.« – »Wie, kannst du Gedanken lesen?« fragst du erstaunt. »Oh ja, das kann ich; ich habe viele tausend Jahre die Menschen studiert und habe nun eine Lösung für alle Probleme gefunden.«

Mittlerweile bist du richtig hellhörig geworden und fragst: »Was soll ich denn tun?« – »Ganz einfach!« Kurzentschlossen hat Ghini mehrere bunte Flaschen herbeigezaubert und sie vor dich hingestellt. Jede Farbflasche hat eine besondere Eigenschaft. Als erstes wählst du dir die *grüne Flasche* für die *tiefe Ruhe* aus. Ghini flüstert: »Stelle dir vor, wie dein Körper von der *grünen Farbe* umhüllt wird.« Und tatsächlich spürst du, wie du *ruhiger und ruhiger* wirst. Nun wählst du die *rote*

Flasche für *Mut* aus und läßt dich von dem *roten* Licht verzaubern. Und indem du die *rote Farbe* genau spüren kannst, *durchströmt* eine *große Kraft* deinen Körper, so daß du *ganz mutig* bist. Da fällt dein Blick auf eine *leuchtende gelbe* Flasche. Aus der Ferne hörst du Ghini *ganz leise* flüstern, daß diese Flasche die Farbe der *Konzentration* beinhaltet. *Neugierig* öffnest du die Flasche, und ein *leuchtendes Gelb* umhüllt deinen Körper. Du spürst, wie sich deine *Gedanken ordnen und du ganz aufmerksam und konzentriert bist und bleibst.*

Jetzt wählst du dir deine eigene Farbflasche aus, in der vielleicht *Ruhe, Freude* oder was immer du dir gerade auch wünschst, enthalten ist. Auch hierbei stellst du dir genau vor, wie *dein Körper ganz tief* in deine Wunschfarbe versunken ist. So genießt du es eine Weile, das Gefühl *ganz tief in dir zu spüren.*

»Das klappt ja prima!« sagst du *ganz erfreut* zu Ghini. »Wenn du Lust hast, kann ich dir Farbflaschen schenken, und du kannst es gleich mal in deinem Alltag ausprobieren«, hörst du Ghini im Hintergrund sagen. »Stelle dir eine Situation aus deinem Alltag vor!« Natürlich hast du gleich eine Idee: »Letzte Woche konnte ich mich schlecht konzentrieren.« Da öffnest du eine *gelbe* Flasche, und es ist ungeheuerlich, was passiert. Die gelbe Farbe umhüllt deinen *ganzen Körper.* Du wirst *ruhiger und ruhiger. Alle Nebengedanken bleiben zurück. Der Kopf ist frisch und klar*, und du kannst dich *gut konzentrieren.* »Das ist richtig toll!« rufst du. »Jetzt die nächste Flasche mit der *Freude*!« Und kaum hat sich diese Farbe entfaltet, fühlst du dich *voller Freude.* Du könntest tanzen und springen und lachen. Auf diese Weise öffnest du noch viele Flaschen, und jedesmal ist es ein anderes *herrliches Gefühl.*

»So, jetzt muß ich wieder zurück«, hörst du Ghini sagen. »Die Zauberflaschen gehören dir, und in deiner Vorstellung werden sie dir immer helfen, du weißt ja, wie es funktioniert.« – »Vielen Dank!« Und da ist Ghini auch schon in seiner Flasche verschwunden und rollt einfach aus deinem Blickfeld.

Ganz sanft spürst du, wie dich ein kleiner Ast von deinem Lieblingsbaum streichelt und dir leise zuflüstert, daß es Zeit wird aufzustehen. Du reckst und streckst dich, bedankst dich bei deinem Lieblingsbaum für die schöne Geschichte von Ghini, dem Flaschengeist, und gehst ganz schnell nach Hause, um eine deiner Flaschen zu öffnen.

Zurücknehmen nicht vergessen!

Der Hüter der Träume

In dieser Entspannungsgeschichte werden die Phantasie und die Kreativität besonders angeregt. Des weiteren wird das Vertrauen in die eigenen Fähigkeiten gefördert.

Ganz langsam schlenderst du deinem Freund, dem Baum, entgegen. Als du aus der Ferne das leise Rascheln seiner Blätter hörst, wirst du *schon ruhiger und ruhiger*. An deinem Baum angekommen, kuschelst du dich an deinen Lieblingsplatz und spürst, wie *dein Körper ganz schwer wird*. Die leuchtenden Sonnenstrahlen, die auf deinen Körper scheinen, bewirken, daß du *dich wohlig warm und geborgen fühlst*. Und als du es dir so richtig gemütlich gemacht hast, hörst du die *warme*, freundliche Stimme deines Baumes, der dir heute die Geschichte von seinem Freund, dem Hüter der Träume, erzählen wird:
»Irgendwo auf der Welt hat jeder Mensch seinen eigenen Hüter der Träume, du kannst ihn aber nur dann finden, wenn du an deine Träume glaubst, sonst hast du ihn verloren.« –
»Wie kann ich ihn denn überhaupt finden?« fragst du *ganz* neugierig. »Du mußt es dir *ganz, ganz fest wünschen*. Dein Wunsch wird dich zu ihm bringen«, antwortet dir dein Baum. Und während du *ganz aufmerksam* seinen Worten folgst, kannst du ein zauberhaftes Traumschloß erkennen. Die unterschiedlichen Farben funkeln dir schon von weitem entgegen und bewirken, daß du dich *ganz sicher und geborgen fühlst*. Selbst der Duft, den du vielleicht riechen kannst, scheint dich *richtig zu verzaubern*. Und wenn du *ganz* genau hinhörst, kannst du leise Töne wahrnehmen, die *dich alle Gedanken an*

andere Dinge vergessen lassen. Und weiter gehst du neugierig auf den Eingang zu, der in dein Traumschloß führt. Viele unterschiedliche Dinge kannst du erkennen, als du *ganz langsam* dein Traumschloß erkundest. In deinem Traumschloß fühlst du dich *sicher und geborgen*, während du Schritt für Schritt weitergehst, auf der Suche nach deinem eigenen Hüter deiner Träume. Unterwegs kannst du wieder die unterschiedlichsten Töne hören, Farben sehen und Düfte riechen. Das alles zusammen oder auch etwas *ganz anderes* läßt dich *deinen Wunsch* noch einmal *ganz fest* spüren, der dich zu deinem Hüter der Träume führen wird.

Vielleicht läßt du dich jetzt einfach überraschen, an welchem Ort du deinen Hüter der Träume finden wirst.

Und nun kannst du ihn in seiner *ganzen* zauberhaften Pracht erkennen. Sein buntes, leuchtendes Farbenkleid bewirkt, daß du *ganz ruhig wirst*. Und während du seinen besonderen Duft riechst, fühlst du dich *ganz warm, sicher und geborgen*. Auch seine *liebliche, warme* Stimme macht es dir möglich, *alles um dich herum zu vergessen* und deinem Hüter der Träume *ganz aufmerksam* zuzuhören. »Ich freue mich, daß du mich gefunden hast! Ich wohne hier in deinem Traumschloß und achte auf deine Wünsche und Träume, damit sie nicht verlorengehen.« – »Wie können denn meine Träume verlorengehen?« fragst du ganz erstaunt. »Das geht manchmal schneller, als du denkst«, antwortet der Hüter der Träume und fährt fort: »Wenn du irgendwann einmal gar keine Lust mehr hast zu träumen oder es vielleicht auch verlernt hast, dann kann dein Leben sehr grau und langweilig werden. Aber ich möchte dir lieber etwas von anderen, schönen Dingen erzählen. Weißt du, es gab einmal einen kleinen Jungen, der wollte unbedingt, wenn er später groß wäre, mit weißen Tigern arbeiten, die er so sehr liebte. Das war sein Traum. Er hat an seinen Traum geglaubt und ist heute ein glücklicher Mann. *Schließe einfach deine Augen*, und stelle dir *etwas Wunderschönes* vor, das dir *große Freude* macht. Oder denke dir eine eigene Geschichte aus, und fühle dich dabei *ganz wohl*. – Aber was erzähle ich dir hier soviel, du weißt doch am allerbesten, wofür du mich, deinen Hüter der Träume, gebrauchen kannst.«

Mittlerweile sind dir tatsächlich schon einige Ideen gekommen, und du beginnst, sie dir in den schönsten Farben der Welt auszumalen, mit den wunderbarsten Tönen zu unterstreichen und den lieblichsten Düften zu bereichern. Und während du dich durch deine Träume so richtig verzaubern läßt, genießt du es eine Zeitlang, deinen Gedanken zu folgen. Du fühlst dich *ganz warm, sicher und geborgen*, bis sich der Hüter deiner Träume *ganz leise* von dir verabschiedet.

Du beendest deinen Traum für heute und trittst den Rückweg an. *Ganz ausgeruht* und *voller Freude* erwachst du bei deinem Lieblingsbaum und erzählst ihm von deinen traumhaften Erlebnissen. Du bedankst dich bei deinem Baum, daß er dir den Hüter der Träume vorgestellt hat und verabschiedest dich mit einem freundlichen Lächeln. In deinen Gedanken beschließt du, öfters einmal eine kleine Traumstunde einzulegen und deinen neuen Freund, den Hüter der Träume, zu besuchen.

Zurücknehmen nicht vergessen!

Der Zauberstein

Diese Geschichte dient zur Stärkung des Selbstwertgefühls und zur Aktivierung der inneren Kräfte.

Nachdem du heute vielleicht einen anstrengenden Tag hattest, freust du dich, deinen Freund, den Baum, zu besuchen. Wie immer lächelt er dir schon von weitem entgegen. Ihr begrüßt euch, und du *kuschelst dich* an *deinem Lieblingsplatz* ein. Du fühlst *dich warm, sicher und geborgen*, als du seiner Stimme lauschst. »Heute möchte ich dir die Geschichte von *dem Zauberstein* erzählen. Hast du Lust auf eine Abenteuerreise?« – »Ja«, antwortest du, und auf einmal findest du dich in einer hügeligen Landschaft wieder. Du schaust dich erst einmal genau um, um die Umgebung genau wahrzunehmen. Da kannst du unmittelbar vor dir einen Weg erkennen, der in einen der Berge hineinführt. Im Hintergrund hörst du die leise Stimme deines Baumes sagen: »Gehe diesen Weg in den Berg hinein, und du wirst *deinen Zauberstein* finden! Der Zauberstein hat eine *besonders starke* Leuchtkraft. Er *glitzert besonders schön*. Du mußt nur *deiner Lieblingsfarbe* folgen, und du wirst *deinen Zauberstein* finden.«
Ganz vorsichtig betrittst du den Berg. Und schon gleich im Eingang kannst du ein *schwaches Leuchten* erkennen, dem du nun *ganz sicher* folgen wirst. Der Berg ist *hell, warm und freundlich*. Mit jedem Schritt, den *du tiefer und tiefer* in den Berg hinabsteigst, fühlst du dich *ruhiger und ruhiger*. Auf *ganz seltsame* Weise bleiben *alle Gedanken und Sorgen zurück*. *Immer tiefer und tiefer* steigst du in den Berg hinab. Und

während dein Blick nach vorne oder zu den Seiten gewandt ist, kannst du viele Dinge erkennen. *Ganz konzentriert* folgst du nun einem *bunten Lichtstrahl*, der aus einer kleinen Nische zu sehen ist. Und auch der liebliche Duft, der mit dem Lichtstrahl zusammenhängen mag, scheint deutlicher zu werden. *Immer tiefer und tiefer*, an vielen Gängen vorbei, folgst du *dem Licht und den Farben*, die dich wie *gute Freunde* durch die Höhle begleiten. Du fühlst dich *warm, sicher und geborgen*, während du *Schritt für Schritt den Lichtern und Farben* entgegengehst.

Mittlerweile bist du in ein Meer der schönsten Farben der Welt getaucht. Da! Dort scheint eine besondere Stelle zu sein, denn *hier leuchtet es besonders stark in deiner Lieblingsfarbe.* Kaum hast du einige Schritte gemacht, bist du *völlig in deiner Lieblingsfarbe* eingetaucht. Im *ganzen* Raum *leuchtet diese Farbe*. Du fühlst dich *in dieser Farbe besonders stark und voller Kraft. Dein Körper richtet sich auf,* und *dein Kopf ist frisch und klar. Ganz vorsichtig* greifst du zu dem kleinen Stein, der diese große Leuchtkraft hat. Und als du ihn in deine Hand nimmst, wird *dein ganzer Körper von deiner Lieblingsfarbe durchströmt.* Du fühlst dich *voller Mut und Konzentration.* »Nimm mich mit!« hörst du den Stein sprechen. »Ich kann dir mit meiner Farbe immer helfen, wenn du mich brauchst – wenn du dich *besser konzentrieren* möchtest oder wenn du etwas *mehr Mut* brauchst. Mich kann man *für alles gebrauchen.*« *Ganz vorsichtig* steckst du den kleinen, glitzernden Stein in deine Tasche und machst dich auf den Rückweg.

Dieses Mal folgst du den Strahlen der Sonne, die dir den Ausgang zeigen. *Ganz leicht* findest du den Weg zurück. An vielen Gängen vorbei kommst du nun *höher und höher* den Sonnenstrahlen entgegen, bis du schon das kräftige Grün deines Lieblingsbaumes erkennen kannst. »Ich muß dir unbedingt etwas zeigen!« *Ganz vorsichtig* öffnest du deine Hand mit dem Stein, und *deine Lieblingsfarbe umhüllt* dich. »Ich fühle mich *so toll, so mutig und konzentriert.*« Dein Baum schmunzelt dir entgegen und freut sich mit dir. »Aber«, hörst du deinen Baum sagen, »für die anderen Menschen bleibt *deine Lieblingsfarbe* unsichtbar, sonst könnten sie genau erkennen, wann du *deinen Zauberstein* benutzt!« – »Das ist ja prima«, antwortest du. »Dann kann ich ihn morgen vielleicht in der Schule, beim Spielen oder bei meinen Freunden gebrauchen.«

Du bedankst dich bei deinem Baum und winkst ihm zum Abschied. Und während du nun nach Hause gehst, hast du vielleicht noch viele Ideen, was du mit deinem Zauberstein alles machen kannst.

Zurücknehmen nicht vergessen!

Der kleine, glückliche Tiger

Mit dieser Entspannungsgeschichte wird das Kind Abstand von seinen Sorgen gewinnen.

Gerade hast du wieder Lust bekommen, deinen Freund, den Baum, zu besuchen. Schon von weitem kannst du sein wunderschönes, grünes Baumkleid erkennen. Mit einem seiner kräftigsten Äste winkt er dir freudig entgegen. Du kuschelst dich wieder an deinen Lieblingsplatz und spürst, wie *du ruhiger und ruhiger wirst.* Dein Körper *wird ganz schwer*, und die warmen Sonnenstrahlen, die durch die Blätter deines Baumes scheinen, *bewirken*, daß dein Körper *ganz warm* wird. Auch der würzige Duft deines Baumes macht es dir möglich, alles um dich herum zu vergessen, so, als ob es nur dich und deinen Baum auf der Welt geben würde. Du fühlst dich *wohlig warm, sicher und geborgen*, als du ganz aufmerksam der *warmen Stimme* deines Baumes lauschst, der dir heute die Geschichte von seinem Freund, dem kleinen, glücklichen Tiger, erzählen wird.
Und während du weiterhin der Stimme deines Baumes lauschst, siehst du, wie ein bunter Fesselballon vor deinen Augen landet. Der kleine, glückliche Tiger strahlt dich mit seinen braunen Tigeraugen, die vor Glück nur so funkeln, an, und du spürst, wie *du ruhiger und ruhiger wirst.* »Komm!« winkt er dir mit der kleinen Tigertatze entgegen. »Laß uns mit dem Ballon fliegen!« Ganz vorsichtig kletterst du in den stabilen Korb und suchst dir einen *ganz sicheren* Platz. »Bevor wir losfliegen, muß ich dir noch etwas erklären«, sagt der kleine,

glückliche Tiger. »Weißt du, wir können nämlich nur mit dem Ballon fliegen, wenn wir *ganz, ganz glücklich* sind. Wenn du also noch Sorgen hast, beispielsweise mit deinen Eltern oder deinen Freunden, oder wenn du dich krank fühlst, können wir nicht fliegen, dann kann nämlich der Ballon nicht in die Lüfte steigen.« – »Was kann ich denn tun?« fragst du ganz interessiert. »Du mußt deine Sorgen einfach zurücklassen, indem du einen Sandsack nach dem anderen abwirfst. Stelle dir einfach vor, daß jeder Sandsack eine Sorge von dir ist. Komm, wir probieren es gleich einmal aus«, sagt der kleine, glückliche Tiger.

Ganz neugierig nimmst du einen der Sandsäcke in deine Hände und wirfst ihn über den Korb. Und tatsächlich beginnt der Ballon, sich zu bewegen und in die Lüfte aufzusteigen. Im Hintergrund hörst du *ganz leise* die zarte Stimme des kleinen, glücklichen Tigers sagen: »*Loslassen, fallen lassen, loslassen, fallen lassen.*« Du nimmst gleich einen weiteren Sack, und wieder fliegt ihr *noch höher und höher* in den Himmel hinauf. Du fühlst dich *ruhiger und ruhiger*, während du einen Sandsack nach dem anderen abwirfst. Und als du unter dir die winzigen Häuser und Landschaften erkennen kannst, fühlst du dich *vollkommen frei und glücklich.*

Der kleine Tiger hat es sich in der Zwischenzeit gemütlich gemacht und meint nun, daß ihr die richtige Höhe erreicht hättet, um das Glücklichsein *ganz tief* zu genießen. Du kuschelst dich in deine *weiche, warme Decke* ein und schaust in den Himmel. Die kleinen Wolken mit ihren unterschiedlichen Formen und Farben lächeln dir freundlich zu, so daß du dich *ganz schwer* und *wohlig warm fühlst.* Der frische Duft, der dich umgibt, bewirkt, daß du dich *sicher und geborgen* fühlst und *das Glücklichsein tief* in dir spüren kannst. Der leichte Wind wiegt euch beide *ganz behutsam*, so daß du *noch ruhiger und ruhiger* wirst. So laßt ihr euch beide eine Weile vom Wind treiben, bis es wieder Zeit wird umzukehren.

Der kleine, glückliche Tiger bereitet nun alles für den Rückflug vor. Der Wind dreht sich, und *ganz langsam* senkt sich der Ballon. *Tiefer und tiefer* fliegt ihr der Erde entgegen, bis unter euch alles größer und größer wird und ihr *ganz sanft* vor deinem Freund, dem Baum, landet. *Vollkommen ausgeruht und ganz glücklich* kletterst du aus dem Ballon heraus und verabschiedest dich von dem kleinen, glücklichen Tiger: »Vielen Dank und bis bald!« Der kleine, glückliche Tiger lächelt dir noch einmal mit seinen funkelnden Augen zu: »Du weißt ja Bescheid, wenn du Sorgen hast, rufe mich, und wir fliegen mit dem Ballon.«

Ganz glücklich umarmst du deinen Baum und freust dich, den kleinen, glücklichen Tiger als neuen Freund gewonnen zu haben. Und als du deinem Baum aus der Ferne zuwinkst, schüttelt er seine Blätter und ist *auch ganz glücklich*.

Zurücknehmen nicht vergessen!

Die Farbenprinzessin

Neben der Förderung der Ruhe und Konzentration werden in der folgenden Geschichte auch die Vorstellungskraft und die Phantasie gefördert.

Auch heute hast du wieder Lust, deinen Freund, den Baum, zu besuchen. Wie immer kuschelst du dich an deinen Lieblingsplatz und fühlst dich *wohlig warm und geborgen.* Während du seiner freundlichen Stimme lauschst, spürst du, daß du *ruhiger und ruhiger wirst.* »Heute möchte ich dir die Geschichte von meiner Freundin, der Farbenprinzessin aus dem Farbenland, erzählen.«

Und kaum hast du deine Augen geschlossen, siehst du schon die kleine zierliche Gestalt der Farbenprinzessin vor dir. Allein ihr Anblick bewirkt, daß du *ruhiger und ruhiger wirst.* Mit einem freundlichen Lächeln begrüßt sie dich und führt dich durch eine große Tür in das Farbenland. Alles ist auf einmal *ganz grün,* so grün wie das Gras. Leise hörst du die *zarte, ruhige Stimme* der Farbenprinzessin sagen, *daß Grün* die Farbe der *tiefen Ruhe* ist. Und tatsächlich spürst du beim Anblick der grünen Umgebung ein Gefühl der *tiefen Ruhe in dir. Deine Arme und deine Beine sind ganz ruhig. Dein ganzer Körper ist ruhig.*

»Wenn wir nun eine weitere Tür öffnen, gelangen wir in das Braunland.« Hier ist es *ganz braun,* so braun wie die Farbe des Erdbodens. Und wieder hörst im Hintergrund die *zarte Stimme* flüstern, *daß Braun* die Farbe der *angenehmen Schwere* ist. Und kaum kannst du die braune Farbe erkennen, spürst

du eine *angenehme Schwere in deinem Körper. Beide Arme und beide Beine sind ganz schwer. Dein ganzer Körper ist ganz schwer und tief entspannt.*

Die liebliche Stimme sagt zu dir: »Komm, wir öffnen eine weitere Tür!« Als sich die nächste Tür öffnet, wird der Raum von einem leuchtenden, *warmen Gelb* durchflutet – bald so, als würde die Sonne scheinen. Hier ist das Gelbland. Das *warme Sonnengelb* ist die Farbe der *strömenden Wärme.* Die *warme, sonnengelbe Farbe umhüllt deinen Körper,* und du spürst eine *angenehme Wärme, die deinen ganzen Körper durchströmt. Beide Arme und beide Beine strömen warm. Dein ganzer Körper ist ganz warm.*

Wenn du Lust hast, kannst du jetzt deine Lieblingsfarbentür öffnen; hinter dieser Tür findest du deine eigene Farbe, die du jetzt gerade brauchst. Jede Farbe hat eine bestimmte Eigenschaft. Ob sie deine *Konzentration stärken, deinen Mut fördern* oder etwas *ganz anderes bewirken soll,* liegt an deiner eigenen Vorstellung.

Nach einer kurzen Weile öffnet sich deine Lieblingsfarbentür, und dein *ganzer Körper wird in deine Lieblingsfarbe getaucht.* Während du *ganz* in deiner Farbe versunken bist, wird es dir möglich, *die gewünschte Eigenschaft ganz deutlich zu spüren.* Nehme soviel wie möglich von dieser Farbe in dich auf, bis du selbst die Farbe geworden bist. Du fühlst dich *ruhig, sicher und geborgen.* Während du weiterhin *ganz entspannt* bleibst, hörst du die leise, liebliche Stimme der Farbenprinzessin sagen, daß alle Bewohner des Farbenlandes immer eine Farbentür öffnen können: »Wenn sie beispielsweise *Ruhe benötigen* und nervös sind, öffnen sie die grüne Tür oder ihre Lieblingsfarbentür – wie du gerade auch –, um sich zu erholen.

Das kannst du jetzt auch ohne mich machen, denn ich gebe dir den Schlüssel zum Farbenland. Mit diesem Schlüssel kannst du jede Farbentür öffnen.« *Ganz ruhig* hörst du der Farbenprinzessin zu und genießt dabei dein eigenes Farbengefühl. Schließlich berührt sie dich mit ihrer kleinen Hand und begleitet dich zu deinem Baum zurück. Ihr verabschiedet euch voneinander. Als du dich bei ihr bedanken willst, ist sie schon wieder in ihrem Farbenland verschwunden. Und in deiner Hand findest du einen kleinen Schlüssel in deiner Lieblingsfarbe.

Du fühlst dich *richtig ruhig und erholt*, als dich dein Freund, der Baum, durch ein leichtes Rascheln seiner Blätter weckt. Du reckst und streckst dich und umarmst deinen Baum. »Bis morgen und vielen Dank für die wunderbare Geschichte mit der Farbenprinzessin!« Als du dich noch einmal nach deinem Baum umschaust, hat er deine Lieblingsfarbe angenommen und lächelt dir zu.

Zurücknehmen nicht vergessen!

Das Bild zu dieser Entspannungsgeschichte auf Seite 96 kann Ihr Kind mit bunten Farben ausmalen und es so mit Leben füllen. Das fördert auch nochmals die intensive Beschäftigung mit dem Erzählten.

Die Wurzelkinder

In dieser Geschichte habe ich die Farben mit besonderen körperlichen Merkmalen versehen sowie einzelne Elemente aus dem autogenen Training hinzugefügt. Das Ziel ist neben dem Abbau von Spannungen die Aktivierung der Selbstheilungskräfte.

Du gehst nun wieder zu deinem Baum, um ein wenig auszuruhen und zu träumen. An deinem Lieblingsplatz angekommen, kuschelst du dich ein. Und nachdem du es dir *so richtig gemütlich* gemacht hast, fühlst du dich *warm, sicher und geborgen*. Und die *angenehme* Stimme deines Baumes, der dir nun von seinen Freunden, den Wurzelkindern, erzählen wird, läßt dich *ruhiger und ruhiger werden*.

»*Ganz weit* unten bei meinen Wurzeln leben die bunten Wurzelkinder.« Als du deinem Baum so interessiert zuhörst, wie er von den Wurzelkindern erzählt, bist du auf einmal schon bei ihnen angekommen.

Ganz gemütlich sitzen sie in einer großen, *warmen* Höhle und malen in den schönsten Farben der Welt. Dir fällt sofort auf, daß jedes Wurzelkind ein Kleid in einer anderen Farbe trägt – ob es Rot, Blau, Grün oder Gelb ist. Und während dein Blick weiter auf die Farben gerichtet ist, spürst du, daß du dich *richtig wohl und geborgen fühlst*. Ihre leisen Stimmen singen einen zarten Gesang, der dich noch *ruhiger und ruhiger werden* läßt. Und ein angenehmer Duft, der die Höhle erfüllt, bewirkt, daß *alle Sorgen ganz weit weg sind* und du *ganz tief entspannt* bist.

Auf einmal hörst du, wie eines der Wurzelkinder ruft: »Kommt, laßt uns ein wenig *ausruhen!*« Kaum hat es das gesagt, beginnen alle anderen Wurzelkinder, *ganz langsam* ihre bunten Matten auszurollen und sich hinzulegen. Da hat dich das grüne Wurzelkind entdeckt und lädt dich *zum Ausruhen* ein. *Ganz* schnell hat es auch für dich eine *weiche, bequeme Matte* hingelegt. »Lege dich zu uns, und lasse dich von unseren Farben verzaubern!«

Und während dein Körper *ganz schwer und warm* auf dem Boden liegt, kannst du die Stimme des gelben Wurzelkindes hören: »Ich bin das sonnengelbe Wurzelkind, das so gelb ist wie die Sonne. Stelle dir vor, *dein Bauch ist so gelb* wie die Sonne.« Als du dir die *warmen Sonnenstrahlen* vorstellst, spürst du, daß *dein Bauch ganz warm* wird. Die *angenehme Wärme durchströmt deinen ganzen Körper*, so daß er *ganz warm wird.*

»Ich bin das grüne Wurzelkind, das so grün ist wie die Gräser auf der Wiese. Stelle dir vor, daß deine Brust so grün ist wie das Gras.« Kaum hast du dir das helle, sonnendurchflutete Grün vorgestellt, spürst du, wie *dein Atem ruhiger und ruhiger wird.*

Du fühlst dich *warm, sicher und geborgen*, während du nun der Stimme des blauen Wurzelkindes folgst. »Ich bin das blaue Wurzelkind, ich bin so blau wie ein Sommerhimmel.« Und während die hellblaue Farbe des Himmels deinen Kopf umhüllt, spürst du, wie *dein Kopf klarer und klarer* wird.

Du liegst noch eine Weile auf deiner weichen Matte und genießt das wohlige Gefühl *der tiefen Ruhe* in dir, bis du in weiter Ferne eine freundliche Stimme hörst: »Ich bin das rote Wurzelkind. Ich bin *so leuchtend rot* wie eine Mohnblume auf dem Feld, und ich möchte euch jetzt wecken. Reckt und streckt euch und stellt euch vor, daß die Farbe Rot *euch ganz viel Energie und Kraft* schenkt.« Als du zur Seite blickst, siehst du neben dir die Wurzelkinder eines nach dem anderen wieder aufwachen. Sie winken dir noch einmal kurz zu und sind dann ganz fröhlich in einem anderen Höhleneingang verschwunden.

Du machst dich auch auf den Weg, bis du wieder bei deinem Freund, dem Baum, angekommen bist. »Schön geträumt?« fragt er dich. »Es war wunderschön! Ich fühle mich *richtig ruhig und ausgeruht.*« Wie immer bedankst du dich bei deinem Baum für die Traumgeschichte und gehst nach Hause.

Zurücknehmen nicht vergessen!

Das Bild zur Geschichte der Wurzelkinder auf Seite 100 kann Ihr Kind selbst mit bunten Farben ausmalen. Das fördert nochmals die intensive Beschäftigung mit dem Erzählten.

Die Vertiefungsphase
im Memo-Training

Nachdem Sie Ihrem Kind die Entspannungsgeschichten entweder vorgelesen haben oder es sie
vielleicht auf Cassette gehört hat, beginnt nun
die sogenannte Vertiefungsphase. Das regel-
mäßige Wiederholen der Geschichten steht
dabei im Vordergrund.

Ein Erfolg ist nur möglich, wenn Ihr Kind die
Geschichten ganz tief verinnerlicht. Erst dann
kann es beispielsweise bei der nächsten Klassenarbeit an seine »Konzentrationsfrucht« als Erinnerungshilfe denken, und die eigene Konzentrationsfähigkeit wird aktiviert.
Bei einer erfolgreichen »Anwendung« gelingt
dem Kind der Transfer der Geschichten in die
gewünschte Situation, ob es das Spiel mit den
Freunden ist, der Ärger mit den Lehrern oder
die mangelnde Konzentrationsfähigkeit.

Wichtig:
Verinner-
lichen der
Geschichten

Die unterschiedlichen Vertiefungshilfen

Als sehr hilfreich hat es sich erwiesen, in der Anfangsphase, in der das Kind die einzelnen Geschichten erst kennenlernt, sich mit dem Kind etwas mehr Zeit zu nehmen, um die Erfahrungen zu vertiefen.

Ihr Kind kann Ihnen einige Passagen aus der Entspannungsgeschichte erzählen, die ihm besonders gut gefallen haben. Außerdem können Sie Ihr Kind fragen, in welcher Situation es zum Beispiel die Konzentrationsfrucht anwenden möchte. Um sich die Kernaussagen aus den Geschichten besser einprägen zu können, kann Ihr Kind auch ein Bild zu jeder gehörten Geschichte malen. Wenn Sie dann noch das Bild mit der Kernaussage (zum Beispiel der Konzentrationsfrucht) an einem gut sichtbaren Platz anbringen, kann sich die Wirkung der Geschichte voll entfalten.

Hilfe anbieten zum Erinnern Manchmal kann als äußere Erinnerungshilfe auch ein Stein oder ein anderes Symbol dienen. Der Phantasie Ihres Kindes sind keine Grenzen gesetzt. Auf diese Weise setzt sich das Kind nochmals mit seinen inneren Bildern auseinander, und das Erlebte kann besser verarbeitet werden.

Das ist in der Lernphase wichtig:

- Lesen Sie jede einzelne Entspannungsgeschichte wenigstens viermal in der Woche vor.
- Lassen Sie das Kind die Geschichte erzählen und Ideen für die praktische Anwendung finden (zum Beispiel Konzentrationsfrucht für die Klassenarbeit).
- Sinnvoll ist auch das Malen der Geschichte oder die Suche eines Symbols.
- Bringen Sie das selbstgemalte Bild an einem gut sichtbaren Platz an, damit das Kind in Kontakt mit der Geschichte bleibt (zusätzliche Erinnerungshilfe).

Nach einer Woche können Sie mit einer weiteren Entspannungsgeschichte das Memo-Training fortsetzen. Sind die einzelnen Geschichten alle vorgelesen worden, können Sie Ihrem Kind wahlweise eine der 14 Geschichten weiter vorlesen.

Vielleicht hat Ihr Kind in der Zwischenzeit schon gelernt, selbständig zu entspannen, und träumt nun seine ganz eigenen Geschichten. Versuchen Sie immer, die Bedürfnisse und

Geduld auf dem Weg zur selbständigen Entspannung

Wünsche Ihres Kindes in den Mittelpunkt zu stellen. Haben Sie vor allem auch Verständnis, wenn Ihr Kind etwas mehr Zeit als erwartet benötigt, um die Entspannung zu erlernen.

Vertiefungsmöglichkeiten des Memo-Trainings durch Farben und Düfte

Wie Sie bereits im ersten Teil des Buches gelesen haben, werden den unterschiedlichen Farben bestimmte positiv wirkende Eigenschaften zugeschrieben. Nachdem Ihr Kind sich die Farben, die ich in den Entspannungsgeschichten erwähne, vor seinem inneren Auge vorgestellt hat, gibt es noch eine weitere Möglichkeit, deren heilsame Kraft zu nutzen:

Setzen Sie Farben ein! Sie können Farbkissen nähen, mit denen Ihr Kind die Farben noch zusätzlich äußerlich anwenden kann. Die Farben unterstützen ja, wie Sie bereits gehört haben, die Selbstheilungskräfte und Energien im Körper, so daß ein zusätzlicher Ausgleich stattfindet.

Herstellen des Farbkissens

Ihr Kind sucht sich einen Naturstoff in je einer Farbe aus, beispielsweise Gelb, Rot, Blau oder Grün. Wenn Ihr Kind eine andere Farbe bevorzugt, erfüllen Sie ihm seinen Wunsch. Kinder haben eine gute Intuition für Dinge, die ihnen guttun.

Die Kissen können eine Größe von ungefähr 20x20 Zentimeter haben. Als Füllung sollen die Kissen ein Naturmaterial beinhalten, beispielsweise reine Wolle. Die Kissen sollen weich und gemütlich sein.

Nachdem Sie vielleicht sogar mehrere Kissen in unterschiedlichen Farben hergestellt haben, kann das Kind zu jeder Entspannungsgeschichte ein Kissen auswählen und es sich auf eine bestimmte Körperstelle legen. Natürlich kann es das Kissen auch als Kopfunterlage benutzen. Vertrauen Sie Ihrem Kind in der Wahl der Lage des Kissens. Zu einer kälteren Jahreszeit ist es sehr angenehm, das Kissen auf der Heizung anzuwärmen, so daß es gemütlich und kuschelig warm ist.

Der Umgang mit Düften

Düfte bereichern das Erleben

Neben der Anwendung von Farben haben Sie noch eine weitere Möglichkeit, das Memo-Training zu bereichern: durch den Umgang mit Düften.

Die Nase ist ein sehr sensibles Sinnesorgan. Wird ein Duft über die Nase aufgenommen, werden die Informationen an das limbische System (Teil des Gehirns) weitergegeben; diese bewirken die unterschiedlichsten körperlichen Empfindungen. Das Wissen über die Zusammenhänge von Stimmungen und körperlichen Empfindungen hat sich die Aromatherapie zunutze gemacht. So kann man ganz bestimmte Düfte für Unruhezustände, Konzentrationsmangel und zur Entspannung gezielt einsetzen.

Um einen Raum zu beduften, benötigen Sie *Vorbe-*
eine Duftlampe und ein reines ätherisches Öl. *reitung*
In der Duftlampe befindet sich unten eine
kleine Kerze, die das Wasser oben in dem kleinen Schälchen erhitzt. Sie zünden die Kerze an
und geben einige Tropfen ätherisches Öl in die
Duftlampe.

Auf diese Weise entstehen Duftmoleküle, die *Ätherische*
den ganzen Raum angenehm duften lassen und *Öle fürs*
zum Wohlbefinden erheblich beitragen. Sie *Wohl-*
können die Düfte für unterschiedliche Bereiche *befinden*
einsetzen – ob sie nun das sinnliche Erleben
während einer Entspannungsgeschichte unterstützen oder als Konzentrationshilfe für die
Hausaufgaben dienen sollen. Vertrauen Sie bei
der Auswahl der Düfte dem Wunsch Ihres Kindes, denn ich bin sicher, daß Ihr Kind ganz
genau weiß, welchen Duft es gerade benötigt.

Hier eine kleine Auswahl an Düften mit Hinweis auf ihre Wirkungsweise:

Konzentrationsfördernde Düfte
- Pfefferminz,
- Lemongras,
- Bergamotte,
- Teebaumöl.

Entspannungsdüfte
- Honig,
- Orange,
- Mandarine,
- Lavendel,
- Vanille.

Dosieren Sie sparsam, denn wenige Tropfen haben eine bessere Wirkung als viele. Außerdem soll der Raum nur ganz leicht und nicht intensiv duften (nicht mehr als zwei bis drei Tropfen in einem etwa 20 Quadratmeter großen Raum).

Den Duft gemeinsam mit Ihrem Kind auswählen

Jeder Mensch bevorzugt ganz bestimmte Düfte und verbindet bestimmte Erlebnisse damit. Sie kennen das sicherlich von sich selbst. Ein Duft läßt Erinnerungen wach werden, die ein angenehmes Gefühl oder Unbehagen auslösen können. Nehmen Sie sich also Zeit, mit Ihrem Kind zusammen die richtigen Düfte auszuwählen.

Falls Ihr Kind an einer Allergie leidet, sind die Düfte mit Vorsicht anzuwenden, da sie in manchen Fällen die Allergie auslösen können.

Wichtig: Kaufen Sie nur *100 Prozent reines ätherisches Öl* im Reformhaus, in der Apotheke oder im Bioladen! Bei den reinen ätherischen Ölen haben Sie es mit einem Naturprodukt zu tun, um so mehr, wenn die Öle aus »kontrolliert biologischem Anbau« stammen. Durch behutsame Gewinnungsmethoden kann die »Seele« der Pflanze in Öl und Duft erhalten werden. Synthetische Düfte sind wirkungslos und verfügen über keinerlei Heilkraft.

Falls Ihr Interesse an Düften geweckt wurde, finden Sie in der Literaturliste noch einige weiterführende Hinweise.

Schlußwort

Nachdem Sie zum Ende des Buches gekommen sind, hoffe ich, daß ich Ihnen einige wertvolle Hilfestellungen für den gemeinsamen Alltag mit Ihrem Kind geben konnte. Wie alles im Leben braucht auch das Erlernen der inneren Ruhe viel Zeit und Geduld. Gerade in der heutigen hektischen Zeit ist es besonders schwer, richtig abzuschalten, denn es gibt zahlreiche Außenfaktoren, die den Menschen von der inneren Besinnung abhalten. Aus diesem Grund sollten Sie mit viel Verständnis an das gemeinsame Entspannungstraining herangehen. Manchmal kann der erste Versuch, die innere Ruhe zu finden, erst einmal Widerstände im Körper hervorrufen – dahingehend, daß die Unruhe fühlbar wird. Hier heißt es, das Ziel der inneren Ruhe im Auge zu behalten und trotzdem konsequent weiterzuüben.

Vielleicht können Sie sich vorstellen, gemeinsam mit Ihrem Kind einen Weg zu beschreiten, der Sie an das Ziel der inneren Ruhe führen wird. Falls Sie diesen Wunsch in sich spüren, können Sie starten. Wenn Sie diesen Weg

Gemeinsam zur inneren Ruhe finden

gehen, kann es ein schmaler Weg sein, oder es gibt Kreuzungspunkte, an denen Sie sich neu entscheiden müssen, ob Sie Ihr Ziel der Ruhe erreichen möchten. Wie der Lebensweg auch, kann er mal einfacher und mal schwieriger sein. Es kann auch passieren, daß Sie einen Berg erklimmen müssen und in sich eine große Unlust spüren. Vielleicht möchten Sie dann umkehren und Ihr Ziel aufgeben.

Wenn Sie aber die Kraft der Überwindung in sich finden und sich Ihr Ziel vor Augen halten, werden Sie mit einer tiefen, inneren Ruhe belohnt. Mit kleinen oder großen Schritten, die etwas mit Geduld zu tun haben, werden Sie am Ende Ihres Weges ein wunderbares Gefühl erfahren. Sie haben es geschafft. Nun ist es Ihnen und Ihrem Kind möglich, Ihre Quelle der Ruhe und der Kraft in jeder Situation einzusetzen. Ihre Lebensqualität wird deutlich zunehmen. Sie und Ihr Kind haben gelernt, einfach einmal zu entspannen und sich auf die eigenen inneren Kräfte zu besinnen. Sie können von der Alltagshektik abschalten, um später gestärkt den Lebensanforderungen entgegenzutreten. Denn, bedenken Sie, die Kraftquelle liegt im Inneren eines jeden Menschen, sie muß nur gefunden und aktiviert werden.

In diesem Sinne wünsche ich Ihnen und Ihrem Kind auf dem Weg zu Ihrer Quelle der Ruhe und Kraft viel Freude, Geduld und Durchhaltevermögen!

Falls Sie an einer Weiterbildung im ganzheitlichen Entspannungstraining für Kinder interessiert sind, können Sie Ihre Anfragen an folgende Adresse richten:

Ich helfe Ihnen gerne weiter

Elke Fuhrmann-Wönkhaus
Grund 6
42855 Remscheid

Es werden nur Anfragen beantwortet, die einen beschrifteten und frankierten Rückumschlag beinhalten!

Anhang

Die Entspannungsgeschichten in diesem Buch können sicherlich sehr hilfreich und unterstützend wirken, aber in manchen Fällen reichen sie einfach nicht aus. Wenn die Probleme innerhalb der Familie zu groß geworden sind, sollten Sie ergänzende Hilfsangebote in Anspruch nehmen.

Wo kann Ihr Kind einen Entspannungskurs besuchen?

Sie haben verschiedene Möglichkeiten, falls Ihr Kind innere Unruhezustände, Konzentrationsschwierigkeiten oder andere Probleme hat.

Zum einen können Sie einen Entspannungskurs bei den
- Krankenkassen,
- Volkshochschulen oder
- Familienbildungsstätten

belegen.

Damit Ihr Kind auch richtig in dieses Entspannungstraining eingeführt wird, beachten Sie bitte folgende Punkte:

- die Qualifikation der Kursleitung (psychologische oder pädagogische Ausbildung), am besten Studium und Erfahrung in Psychotherapie;
- die Größe der Gruppe sollte sechs Kinder nicht überschreiten;
- die Kinder sollten ungefähr im gleichen Alter sein.

Darüber hinaus können Sie sich bei Schulproblemen an den Schulpsychologischen Dienst wenden. Er arbeitet mit Lehrern, Eltern und Kindern zusammen und ist bestrebt, bei Problemen eine für alle Seiten befriedigende Lösung zu finden.

Hier finden Familien Hilfe Falls Sie familiäre Probleme haben, können Ihnen folgende Beratungsstellen helfen:

- evangelische, katholische oder städtische Beratungsstellen für Eltern und Kind,
- Erziehungsberatungsstellen,
- Kinderärzte,
- Psychotherapeuten oder Familientherapeuten in freier Praxis.

Des weiteren besteht noch die Möglichkeit, an Selbsthilfegruppen teilzunehmen, beispielsweise für Eltern (oder auch gerade für Alleinerziehende, die keinen Ansprechpartner haben), deren Kinder unter Hyperaktivität, MCD (Minimale Cerebrale Dysfunktion) oder einer schweren Neurodermitis leiden.

Neben umfangreichen Informationen werden Sie dort Menschen kennenlernen, die mit ihren Kindern ähnliche Probleme haben wie Sie. Es tut Ihnen sicherlich gut, sich auszusprechen und verstanden zu werden. Sie sind mit Ihren Problemen nicht allein.

Unterstützung durch Selbsthilfegruppen

Die Adressen der unterschiedlichen Einrichtungen können Sie Ihrem örtlichen Telefonbuch entnehmen.

Literaturempfehlungen

Brenner, Helmut: Das große Buch der Entspannungstechniken. Humboldt-Taschenbuchverlag.

Fischer-Rizzi, Susanne: Himmlische Düfte. Hugendubel.

Kraaz, Ingrid S., und von Rohr, Wulfing: Die richtige Schwingung heilt. Goldmann.

Olfers, Sibylle von: Etwas von den Wurzelkindern. Deutscher Taschenbuch Verlag.

Tietze, G. Henry: Kräfte aus der Hypnose. Heyne.

Voss, Reinhard, und Wirtz, Roswita: Keine Pillen für den Zappelphilipp. Rowohlt.

Wilson, Anni, und Bek, Lilla: Farbtherapie. Scherz.

Register

Entspannungsgeschichten für Kinder – Elke Fuhrmann im humboldt-Programm

Kinder brauchen »Inseln der Ruhe«

Kinder leiden heute oft unter Leistungsdruck, Streß und Reizüberflutung. Spannungszustände, wie Aggressivität, Nervosität und Konzentrationsschwäche, sind die Folge.

Dieses Buch zeigt Wege zu innerer Ruhe und Selbstbewußtsein. Die einfühlsamen Entspannungsgeschichten von Elke Fuhrmann – zum Vorlesen oder auf Cassette – fördern gezielt Phantasie, Konzentration und Erinnerungsvermögen. Das Kind lernt spielerisch, wie es sich entspannen oder konzentrieren kann. Die Geschichten sind mit Grundübungen zum autogenen Training kombiniert und enthalten bildhafte Formeln zum Einprägen. Sie werden durch abwechslungsreiche Wahrnehmungs-, Sinnes- und Konzentrationsspiele ergänzt. Für Kinder ab 5 Jahren.

Buch (Originalausgabe, 128 Seiten, illustriert) mit Cassette (90 Minuten) ISBN 3-581-66810-6 DM 24,90; sFr 23,–; öS 182,–

»Zaubergarten & Lieblingswiese« ist auch ohne Cassette – nur als Buch – erhältlich. Buch (Originalausgabe, 128 Seiten, illustriert) ISBN 3-581-66759-2 DM 14,90; sFr 14,–; öS 109,–

Weitere Titel aus dem humboldt-Programm

Eltern & Kind
Gesundheit & Medizin